中国語教室Q&A
101

相原茂

荒川清秀

喜多山幸子

玄宜青

佐藤進

楊凱栄

———

著

大修館書店

まえがき

　本書は「中国語Q&A」シリーズの第3集にあたる。第1集『中国語入門Q&A 101』，第2集『中国語学習Q&A 101』に続き，本書はその名を『中国語教室Q&A 101』という。前著と同様，月刊『中国語』に1992年4月から2000年3月まで連載したものにいささか手を加え，新たに幾篇かを書き下ろし101篇とした。

　連載は月に1回である。101という数に達するためには，1年12回として，単純計算でも9年かかる。実際に本にするためには，これまでの原稿に手を入れ，全体の調整をし，章に分け，校正をし，結局は10年ほどで1冊という計算になる。

　今回，前著と異なるのは，執筆陣である。第1集，第2集は「相原茂，木村英樹，杉村博文，中川正之」の4名であったが，今回は相原をのぞき，メンバーが一新した。人数も増やし6人体制をとった。回答者が多い分，内容もバラエティに富むものになった。

　しかし，われわれが日頃中国語を学んだり，教えたりしている，そうした中で遭遇する疑問をとりあげて考え，解決を試みるという基本姿勢に変化はない。今回も多くの読者から質問が寄せられた。改めて読者のご支持に感謝したい。中には，われわれの力量ではとうてい回答できないようなものもあったし，われわれの観察では気がつかないような問題を教えていただい

たこともあった。

「教室」という名は，今回の疑問の多くが実際の教室で，われわれが授業をしているときに学生から提示されたり，教師自身が実際の教学中に気づかされたりしたものが多いということを物語っている。教室という現場で採れたQということである。一般的な疑問より，具体的な，特定のQが圧倒的に多い。これはある意味で中国語教学のレベルアップを意味するものであろう。

第3集というのは，ひとつの区切りである。今回はその意味もあり，シリーズ3冊をあわせた総索引を作成した。全303問の各Q＆Aにそれぞれいくつかのキーワードをつけ，これによって検索することを可能にした。何かについて疑問を覚えたら，そのキーワードで検索してみればよい。本書になければ，あるいはその問題は現在未解決であるかもしれない。是非，読者は積極的に雑誌『中国語』に投稿されたい。

ことばを学び，ことばを楽しみ，ことばとつきあってゆく。その中で，人はいろいろなことに気づいたり，疑問を抱く。そういう人間の営為というものはこれからも変わらないであろう。雑誌『中国語』は1990年以来，大修館書店から内山書店へと発行所を移している。判型もB5から，小ぶりのA5に変わった。そういう変遷はあるものの，Q＆A欄は現在なお健在である。担当メンバーはもはや，本書と同じくはないが，その精神はこれからも引き継がれ，守られてゆくものと信ずる。

最後に，中国語におけるQ＆Aの意義を認められ，長く連載の場を提供し続けられた中国語友の会，そして内山書店に感謝したい。また本書がこのような形で出版されることを快諾され

た点にもお礼を申し述べたい。

　前著に引き続き，本書も大修館書店の黒崎昌行氏に編集の労をとっていただいた。末記ながら深甚なる謝意を表するものである。

2000年 春

相原　茂

も　く　じ

まえがき ……………………………………………… i

1．ことばと文化

1. アルファベットをどう読むか ……………………… 1
2. 名簿の順番 …………………………………………… 3
3. 中国語に性差はあるか？ …………………………… 5
4. 中国語の乳児語は？ ………………………………… 7
5. "点心"って何？ ……………………………………… 8
6. ツバメはかわいい女の子 …………………………… 10
7. "老師"は教師？ ……………………………………… 13
8. "老師""教師""教員" ………………………………… 15
9. 中国語で古典を学ぶには？ ………………………… 17
10. 中国語の近代とは？ ………………………………… 19

2．発音と意味

11. 品詞や意味と声調との対応関係 …………………… 22
12. どちらに読んだらいい？ …………………………… 24
13. 四声と強さの関係 …………………………………… 26
14. "不"の新しい変調か？"不都〜"の発見 …………… 28
15. 三声が三つ以上続く場合 …………………………… 30
16. 3音節語の声調・アクセント ……………………… 33
17. どこにストレスを置くか？ ………………………… 35

3．数と量と時間の表現

- 18. "二位"と"两位" ········· 38
- 19. "您三位"と"你三位" ········· 40
- 20. 十年余りは"十年多"それとも"十多年"? ········· 42
- 21. "半个人""1.5人" ········· 44
- 22. 数量の強調 ········· 46
- 23. "钟"について ········· 48
- 24. 「午後8時」といえない!? ········· 50
- 25. "这个春天"はいえますか? ········· 52
- 26. 時間副詞の"偶尔" ········· 54
- 27. "以来" ········· 57

4．少しの違いに要注意

- 28. "对"と"对了₁"と"对了₂" ········· 60
- 29. "肯定"と"一定" ········· 62
- 30. "掌握""学好""学会"の違い ········· 64
- 31. "合适"と"适当" ········· 66
- 32. "道"と"条" ········· 68
- 33. 再び"道"について ········· 70
- 34. "对"と"副" ········· 72
- 35. "副"と"套" ········· 74
- 36. "要"と"得" ········· 77
- 37. "吃饱了"と"吃够了" ········· 79
- 38. "V在～"と"在～V"のちがいは? ········· 81
- 39. "给他写信"と"写信给他" ········· 84
- 40. "时间到了。"と"时间来了。" ········· 86

5．語彙を究める

- 41．「まあまあ」の"还" ……………………… 88
- 42．"好看"には見ヤスイという意味はない？ ……………………… 90
- 43．"〜点儿"の使い方 ……………………… 92
- 44．"想"について ……………………… 94
- 45．"东西"と"事" ……………………… 97
- 46．〈方式〉を表す"怎么"の例外現象 ……………………… 99
- 47．推量を表す副詞 ……………………… 101
- 48．結果補語の"着"zháo＝"到"？ ……………………… 103
- 49．「名詞＋名詞」の語構成 ……………………… 106
- 50．"按揭"って何？ ……………………… 108

6．語法のキーポイント

- 51．比較表現の問題 ……………………… 110
- 52．"去"の重ね型 ……………………… 112
- 53．方向補語の"来""去"はいつ必要？ ……………………… 114
- 54．"穿上"の"上"は結果補語？ ……………………… 116
- 55．状態補語と結果補語 ……………………… 118
- 56．"到中国回去"はまちがい？ ……………………… 121
- 57．"住在北京一年了。"はおかしい？ ……………………… 123
- 58．"是〜的"構文？それとも"了"？ ……………………… 125
- 59．"拿包裹去"の意味解釈 ……………………… 128
- 60．"很大发展"？ ……………………… 131
- 61．「キレイニスル」方策 ……………………… 134
- 62．話を伝える相手は？ ……………………… 136

7．否定と疑問

63. 選択疑問文はどこをくりかえす……139
64. 介詞フレーズを含む文を否定するとき……141
65. 使役の否定は？……143
66. "比"構文，後ろに"不"……146
67. "吃不了"には二つの意味がある？……149
68. 絶滅寸前!?"不可以"……152
69. 否定は"不行"一色……154
70. "别"と"不许"……157
71. "不能〜"と"〜不了"……159
72. 「〜してはいけないのか」の訳し方……161
73. "这是多少钱？"はなぜいけない？……163

8．一歩すすんだ表現を

74. 「よろしくお願いします」……166
75. 雨降り7態……168
76. "快请吃吧。"と"请快吃吧。"……170
77. "不是〜吗？"と"是不是〜？"……172
78. "是吗？"と"是不是？"……174
79. "你能原谅我吗？"……176
80. 人を動かす……178
81. "能平安地回国了"はまだ帰国していないの？……181
82. 一匹の死んだカニ……183
83. "烟酒不分家"……185

9．日本語と中国語

- 84.「ひざ」と"膝" ……………………………… *188*
- 85."小〜""老〜"の訳しかた ……………… *190*
- 86.「とっさ」の中国語 ………………………… *192*
- 87.「はい」と"好""对""是" …………………… *194*
- 88.「絶対」≠"绝对" …………………………… *196*
- 89.「チョット」をどう訳す？ ………………… *198*
- 90.「出張」と"出差" …………………………… *201*
- 91.「〜けれども」「〜が」と"但是" ………… *203*
- 92. 中国語の形容詞が日本語の動詞？ ……… *205*
- 93. 真理の追究は"追求真理" ………………… *207*

10．文字と音韻

- 94. 簡化字と異体字の問題 …………………… *210*
- 95. 日中間の筆順の違い ……………………… *212*
- 96. 声母の一覧表 ……………………………… *214*
- 97.「入声」とは何ですか？ …………………… *216*
- 98. Ｙの悲劇——四呼のはなし ……………… *218*
- 99. 唐詩の平仄はどう見極める？ …………… *220*
- 100. n，ngと日本漢字音の対応 ……………… *222*
- 101. 尖音と団音 ………………………………… *224*

三冊総合索引 ……………………………… *227*
　『中国語入門 Q&A 101』
　『中国語学習 Q&A 101』
　『中国語教室 Q&A 101』［本書］

ことばと文化

Q 1. アルファベットをどう読むか

　X線のことを中国語ではàikèsī shèxiàn（爱克斯射线）というそうです。アルファベットを日本人が日本語の音節に分解して読んでいるのと同じことが中国語でもおこなわれている例として，大変興味をもちました。一般に中国人はアルファベットをどう読んでいるのでしょうか。たとえば日中辞典でTシャツを引くと"T恤"T xùとあり，"T"の読み方は示していません。中国人はこれをどう発音しているのでしょうか，お教えください。

A

　外来語を中国語の中に取り入れる場合，意訳という方法を取るほかに，原音に近い中国語の音を表す漢字を当て字として用いる，音訳という方法があることはよく知られています。たとえば，

　沙发 shāfā（ソファー）

　巧克力 qiǎokèlì（チョコレート）

などで，現代中国語の規範となる辞書《现代汉语词典》で"沙"の項を引けば"沙发"がのっているように，これらの外来語は漢字で表記されるのがふつうです。

これらは単語ですが, アルファベットを読む場合にも漢字のあて字があり, それに従って発音されているのかどうかというご質問だと思います。

　英語教育を受けたことのある中国人に聞いてみると, アルファベットを読むときは, 英語の原音に準じた発音をするとのことでした。ただし, ご質問の中にある"X 射线"は"àikèsī shèxiàn"が一般的で,《现代汉语词典》にも"爱克斯射线"と, 漢字で表記されています。ただこのほかにアルファベットの漢字表記をざっと探したところ, "梯恩梯" tī'ēntī（ＴＮＴ爆薬）ぐらいしか見つかりませんでした。これは《现代汉语词典》が専門的に過ぎる語をのせていないこと, 中国語は外来語の多くを意訳で取り入れる傾向にあることとも関係ありそうですが, それにしてもこのところ中国でも日常的に,

　　BP 机　BP jī（ポケットベル）

　　CD　　（コンパクトディスク。"激光唱片" jīguāng chàngpiàn とも）

などの文字を目にするようになると, これらをのせていない辞書は不備というほかありません。そこで《现代汉语词典》ではこれらを集め, "西文字母开头的词语" xīwén zìmǔ kāitóu de cíyǔ（西洋の文字で始まる語句）として巻末にまとめています。そしてこれらは原音に準じて発音するのでピンインで読音はつけないと注をしています。漢字での表記ももちろんありません。ご質問の"Ｔ恤"はじめこれらアルファベットをそのまま用い, それを原音で発音する語句は, 外来語の新しい1タイプとして今後増えていくことと思われます。

　　　　　　　　　　　　　　　　　　　　　　　　　（喜多山幸子）

2. 名簿の順番

日本では名簿の順番はふつうアイウエオ順で並びますが，中国ではアルファベットと画数のどちらを用いるのでしょうか。

簡単なようで難しい質問ですね。中国の名簿の順番は必ずしもアルファベットや画数を用いるとは限りません。むしろ少ないほうです。ご質問を受けて，何人かの中国人の先生に，大学のクラス名簿の順番について聞いたところ，入学時の申込みの順番で決まるという人もいれば，受験時の成績の順番で決まるという人もいます。申込みの順番ならともかく，成績順だと日本では問題になるかもしれません。また，座席や身長で順番を決めるという人もいました。そういえば，私も小学生だった頃，名簿はたしか身長の順番で並んでいた記憶があります。いずれにしても，クラス名簿一つとってみても，地域や学校によってさまざまな方法が用いられているのが現実のようです。

さて，アルファベットと画数についてですが，辞書などでは両方採用されていますが，アルファベットに関しては中国の一般社会での認知度がまだ低く，実際に読めない人も少なくないので，名簿にはあまり使われません。そして画数ですが，これはややフォーマルな場合に用いられ，たとえば党大会で選出された中央委員の名簿が新聞に掲載されたときなど，画数に基づいています。ところが中央政治局の名簿になると，いわば地位の高低の順番によって決まってしまいます。

一方，人名以外の順番では，数字を使って示すことはどこの国でも同じでしょうが，日本と違うのはときどき奇数と偶数に分か

れているということです。たとえば番地表示の場合，道路の片方の番号が1，3，5…のようにすべて奇数で並び，道路をはさんだ反対側は2，4，6…のように偶数で続くのがふつうです。劇場や映画館の席順もしかり，真ん中を中心に左側が奇数なら，中央から左へ1，3，5…のように並び，右側が偶数なら，同じ中央から右へ2,4,6…のように続きます。これで，よい席かどうかチケットを手にしたときに一目瞭然なのです。

　ところで，順番の一つとして，順位もしくはランクづけがありますが，これについてもいろいろないい方があります。思いつくままいくつかあげますので，参考にしてください。

　①特级 tèjí、一级 yījí、二级 èrjí、三级 sānjí［商品や他のいろいろなもののランクづけ用］

　②特快 tèkuài（特急），快车 kuàichē（急行），慢车 mànchē（普通）

　③头等舱 tóuděngcāng（ファーストクラス），工作舱 gōngzuò-cāng（ビジネスクラス），经济舱 jīngjìcāng（エコノミークラス）

　④部长 bùzhǎng（大臣），局长 júzhǎng（局長），处长 chùzhǎng（部長），科长 kēzhǎng（課長），股长 gǔzhǎng（係長）

　⑤5星级 wǔxīngjí（5つ星），4星级 sìxīngjí（4つ星），3星级 sānxīngjí（3つ星）［ホテルのランクづけ］

　⑥冠军 guànjūn（優勝），亚军 yàjūn（準優勝）

　⑦甲 jiǎ、乙 yǐ、丙 bǐng、丁 dīng

ただし⑦についてはだんだん使わなくなってきているようです。

　　　　　　　　　　　　　　　　　　　　　　　（楊　凱栄）

ことばと文化　5

3. 中国語に性差はあるか？

私の中国語の先生は男性の中国人です。できるだけ先生のマネをして覚えるつもりでいますが,日本語には男性と女性とで言い回しなどに性差があることを考えると少々不安です。中国語には女性らしい表現というものがあるのでしょうか。

　　学習上の不安ということでは,男性の先生のマネをするので充分です。中国語は日本語ほど性別による差異はない言語です。

ただし,男性と女性とでは種々のレベルで言語行動に差異がみられるという報告が出てきています。

その第一点は共通語の受容度の問題です。広大な中国のことですから,農村地区ではその土地の方言,ひらたくいえば"家乡话" jiāxiānghuà で話すほうがふつうです。そうした全国の農村地区120箇所を対象に,はたしてどの程度まで共通語が理解されるかというテーマで調査をおこなった報告があります（呉潤儀・尹斌庸〈普通话社会调查〉《文字改革》1985. 1)。少し前の調査ですから,改革開放の波に洗われた最近では状況が違ってきていると思われますが,ここでの性差に関する報告は興味深いものです。

全国平均でみると,共通語を聴いて理解できない割合は,男性で30％,女性で70％に達したというのです。福建省の6つの村だけをみるとこの傾向が特に目立ち,男性で7％,女性は93％であったといいます。農村ではあきらかに共通語の普及度に性差があるということになります。

第二に,女性は発音に女性らしさをこめるという現象についての報告があります（曹耘〈北京话 tç 组声母的前化现象〉《语言教学与研究》1987.3）。ピンインで j-, q-, x-, と標記されるものを tç

組声母といいますが，これらは実際には，

　A．[tɕ]　　[tɕ']　　[ɕ]
　B．[tʃ]　　[tʃ']　　[ʃ]
　C．[ts]　　[ts']　　[s]

の3類に発音されます。標準的にはAの発音になるはずですが，BやCのような前寄りの変異があるということです。Cになると，ほとんどz-, c-, s- と変わりません。

　北京での調査の結果，男性でも女性でも，年齢が若ければ若いほど前寄りに発音する。男性は成人に達すると急激に標準的な発音に変わる一方，女性の場合には，年齢とともに前寄り発音の割合がなだらかに少なくはなるが，60歳以上の女性でも観察される，ということです。前寄りの発音が「優雅」だと考えられているためだそうです。

　最後に，文法上でも性差がみられるという報告をご紹介します（曹志贇〈语气词运用的性别差异〉《语文研究》1987.8。筆者は前記曹耘さんと同一人物で，曹志耘の名でこれまでの研究をまとめた《语言差异与文化心理》という本を出しています。河北人民出版社1994年）。

　ここでは張辛欣，桑曄《北京人》のなかから，男性口述者5人，女性口述者5人の作品を対象に調査されました。その結果，疑問文に "吗" ma, "呢" ne, "吧" ba, "啊" a, を使って語気をやわらげる比率が，男性で33％に対し，女性で72％になりました。ひとにものをたのんだり命令をするいわゆる祈使文では，"吧"などの使用頻度は，やはり男性の28.5％に対して，女性は48％になる，ということです。

　　　　　　　　　　　　　　　　　　　　　　　（佐藤　進）

Q 4. 中国語の乳児語は？

中国語にも乳児をあやすことば（たとえば「いい子，いい子」「あんよが上手」「はいはい」「いない，いない，ばあ」，排便，排尿を促す「うんうん」「しいしい」等に相当するもの）があると思いますが，どういうのか教えてください。

A

まず，ご質問にそった形で，それぞれの日本語に相当する中国語を示すと，さしあたり次のようないい方になるでしょう。

いい子，いい子 ⟶ 乖孩子 guāi háizi

はいはい ⟶ 爬爬 pápa

いない，いない，ばあ ⟶ 闷儿 mēnr

うんうん ⟶ 嗯嗯 ǹgǹg

しいしい ⟶ 嘘嘘 shīshī

「あんよが上手」については対応する乳児語はありませんが，しいて言うなら"走得真好。"Zǒude zhēn hǎo になるでしょうか。

このほかにも，乳児あるいは幼児をあやすことばがいろいろありますが，思いつくままいくつかあげ，その対応する中国語をみてみましょう。

ねんね ⟶ 睡觉觉 shuìjiàojiao

まんま ⟶ 吃饭饭 chīfànfan

だっこ ⟶ 抱抱 bàobao

おんぶ ⟶ 背背 bēibei

つるつる（めん類のこと）⟶ 面面 miànmiàn

ぽんぽん ⟶ 肚肚 dùdu

お手手 ⟶ 手手 shǒushou

くっく ⟶ 鞋鞋 xiéxie

ブーブー ──→ 嘀嘀＝dīdī

　これらの表現は正確には幼児語というべきかもしれません。しかし，これらの例からみて，中国語の幼児語は日本語のような独特の言い回しが少なく，ほとんど一般語彙の重複形（中には擬声語，擬態語もありますが）によって表されることが分かりますね。つまり，単音節動詞あるいは名詞ならそれを重ね型にし，"吃饭"chīfàn のような「動詞＋目的語」からなる離合動詞なら，後ろの目的語成分を重ね型にすれば幼児語ができあがるわけです。すでにお気づきでしょうが，この繰り返しのパターンは子供の幼名やかわいい動物（たとえば日本で一時もてはやされていた中国のパンダ，中国から日本に贈られてきたトキ）の名前にも用いられています。下の漫画は子ども向けの雑誌に載っている，幼児語を使ったものですが，参考にしてください。

(楊　凱栄)

Q 5. "点心"って何？

　私は中国語の"点心"diǎnxin は「お菓子」ではなく，もっといろいろなもの，たとえばあんマンとか餃子・シューマイなどの軽食類をも含むものと理解していました。ところが先日，留学生と一緒に生協に行き，肉マンを指さして，"你喜欢吃这个点心吗？" Nǐ xǐhuan chī zhèige diǎnxin ma?（この

ことばと文化 9

"点心"好きですか)とたずねたら、これは"点心"ではないといわれました。いったい"点心"とは何を指すのでしょうか。

A 実は私も漠然と、中国語の"点心"とは単にお菓子ではなく、おやつや間食に食べるような軽い食事、"饺子"jiǎozi とか"烧卖"shāomai(シューマイ)、"包子"bāozi(バオズ)のたぐいなども指し、さらに朝食を"早点"zǎodiǎn ともいうことから、"油条"yóutiáo や"烧饼"shāobing なども"点心"に含まれるのではとぼんやり考えておりました。

ちなみに小学館『中日辞典』(p.1596)を見ると、"小吃・点心"(軽食・おやつ)とひとまとめにした囲み記事があり、そこには"点心"として「あんまん」をはじめ"馒头"mántou、"花卷儿"huājuǎnr、"烙饼"làobǐng から"饺子"jiǎozi、"馄饨"húntun まで載せているではありませんか。

ところがです、周囲の中国人(複数)に、まあ念のためと思って聞いてみたところ、以上あげたものはすべて"点心"ではないと断言するのです。慌てて《现代汉语词典》を引きました。すると、

点心：糕饼之类的食品。diǎnxin: gāobǐng zhī lèi de shípǐn.

これによりますと、"点心"とは"糕"gāo や"饼"bǐng の類の食品ということで、彼らがあげる典型的な"点心"：

蛋糕 dàngāo(カステラ、ケーキ)

月饼 yuèbing(げっぺい)

饼干 bǐnggān(ビスケット)

と一致します。何のことはない、"点心"とは「お菓子」(!)です。"米饭"mǐfàn をはじめ、"包子"、"馒头"、"烙饼"、"饺子"、"花卷儿"、"面条"miàntiáo などは主食であり、"点心"ではありま

せん。

たとえば「お昼，何を食べよう？」と聞かれ，

　　吃{蛋糕／月饼／饼干}怎么样？Chī {dàngāo / yuèbing / bǐnggān} zěnmeyàng?

と答えれば，きっと

　　点心不能当饭吃。Diǎnxin bù néng dāng fàn chī.（お菓子はメシがわりにはならんよ）

といわれますが，"包子"や"饺子""花卷"をあげれば，決してこうはいわれません。つまり，これらは中国人の意識裡において"点心"の範疇には入っていないわけです。

　もちろん，"包子"を「おやつ」として食べることはあるでしょう。だからといって"包子"を"点心"だということはできません。あたかも3時に「いなりずし」をつまんだからといって「いなりずし」を「お菓子」というわけにはゆかぬのと同じことです。

　私達は，日本の飲茶風のお店でメニューに「点心」として，蟹シューマイとか蝦ギョーザ，小籠パオズのたぐいが並んでいるのをよく目にします。これら香港や広東の食文化を反映した身のまわりの現実における，まさに日本語化した「点心」と，"普通话" pǔtōnghuàの一語である"点心"diǎnxinが指すものを，どこかで混同してしまったのではないでしょうか。

　　　　　　　　　　　　　　　　　　　　　　　　（相原　茂）

 6. ツバメはかわいい女の子

　中国人がある動物や植物，物に対して持っているイメージを教えてください。日本では「亀は万年」でおめでたいものなので，年賀状に絵を書いて出しました。あとで，中国では

亀は良くないことを表すと聞き，年賀状をさしあげた中国人の先生に失礼に当たったのではないかと心配です。

A 人はあるモノの姿形，行動などの特徴をとらえて，それを好ましいと，あるいは好ましくないと感じます。そしてそのモノに対してあるイメージを付与し，それを比喩的につかうことで人やモノを表したり，抽象的なことがらの象徴として使ったりします。

見た目から受ける印象ですから，国が違うからといって，そう感覚が違うわけではありません。たとえば，中国でも"乌鸦"wūyā（カラス）から連想されるのは不吉や醜悪などですし，"变色龙"biànsèlóng（カメレオン）ならば，変わり身のうまい，あるふりをするのがうまい人，恥じ知らずの比喩として使われます。

日本でも人を指して「イヌ」といえば警察や権力の「手先」のようなダーティーなイメージとなりますが，中国でも卑屈，下劣な者を指して使われます。"狼心狗肺"láng xīn gǒu fèi（心が狼や犬のように残忍で貪欲，情が少しもない）と，散々です。"狼"láng（オオカミ）のほうも，"狼子野心"láng zǐ yě xīn（オオカミの子は小さくても凶悪な本性を持っている）のように貪欲，凶暴のイメージです。

"牛"niú（ウシ）からは忠実で，苦しみやつらさによく耐える姿が連想され，黙々と人のために働く者を指して使われます。一方，"对牛弹琴"duì niú tán qín（牛に琴を弾いて聞かせる）では"牛"は愚鈍を象徴し，深い道理を説いても無駄な，愚かな者の比喩となり，また文化大革命時代に幹部や知識人らが収容された施設の"牛棚"niúpéng（牛小屋）の"牛"は，"牛鬼蛇神"niú guǐ shé shén（悪鬼邪神）のことで，邪悪で醜悪とされる人を指して使われ

たなど，"牛"から連想されるイメージは一様ではないようです。

動物・植物の例をあといくつか挙げると，

"燕子" yànzi（ツバメ）：すらりとして動作の機敏な女の子を指して使う。美しい，かわいいイメージ。

"喜鹊" xǐquè（カササギ）：喜び事を連想。この鳥が来て鳴くのはめでたい兆しとされる。

"草鸡" cǎojī（メンドリ）：気が小さい，気弱。

"青蝇" qīngyíng（キンバエ）：卑劣，下賤。

"鸳鸯" yuānyāng（オシドリ）：相愛の夫婦。

"万年青" wànniánqīng（オモト）：吉祥の象徴。慶祝の式典の会場などに永遠に変わらないことを願って飾られる。

"青松" qīngsōng（マツ）：剛健，崇高の象徴。いつまでも精神の若さを保っている人をいう。

"向日葵" xiàngrìkuí（ヒマワリ）：まことの忠誠心を象徴。心が祖国，人民，党に向いている。

"木瓜" mùguā（カリン）：間が抜けている，ぼんやりしている者を指して使う。

"辣椒" làjiāo（トウガラシ）：向こう気が強い，応対しにくい。主に女の子を指して使う。

動植物以外としては，

"蜡烛" làzhú（ロウソク）：自分を破滅させて人を照らすことが連想される。まぬけ，うすのろを指す。

"稻草人" dàocǎorén（カカシ）：いくじなしで無能な者を指して使う。

"草包" cǎobāo（草を入れる袋）：無能，役立たず。

"机关枪" jīguānqiāng（機関銃）：せわしなく，とぎれることのないことば。

"泡饭" pàofàn（お湯かけごはん）：清貧，倹約の象徴。

"鸽子笼" gēzilóng（ハトを飼うカゴ）：狭くて小さな家を指す。

さて，ご質問の"乌龟" wūguī は，恥じ知らずな者を指し，罵りことばに使われますが，一方，その生命力の旺盛なことから，長寿の象徴としてカメの木彫りや竹細工が中国で売られているところを見ると，年賀状に描いたことをそう悩む必要はなさそうです。

(喜多山幸子)

Q 7. "老师"は教師？

昨年秋に中国へ旅行したとき，ホテルでテレビのバラエティー番組を見ていたら，ゲストの作曲家や作詞家のことを司会者が"老师" lǎoshī と呼んでいてちょっと意外な感じを受けました。日本ではよく作曲家などを「服部先生」のように呼んでいるのを聞きますが，"老师"もこのように使われることがあるのでしょうか。それともやはり学校などで教えているので"老师"と呼ばれたのでしょうか。

A

"老师"が小学館『中日辞典』などにあるとおり「教師に対する敬称」であれば，ご質問の作曲家，作詞家は人を教えていることになりましょうが，現在ではどうもそうとも限らないようです。

これには《非教师称"老师"的社会调查》(黄南松「教師以外を"老师"と呼ぶことについての社会調査」《语言教学与研究》1988年第4期) が参考になります。内容をおおまかに紹介すると（〔　〕内は調査対象），(1) "文艺界" wényìjiè（文芸界）〔"表演界" biǎoyǎnjiè（演技界）では中央民族歌舞団，"创作界"chuàngzuòjiè（創作界）では中国作家協会〕，"新闻界"xīnwénjiè（ジャーナリズム）〔人民日報社〕，"广播电视界"guǎngbō diànshìjiè（放送界）〔中央電視台〕などで"老师"が使われている，(2)上記の各界で，組織内の仕事によってa."行政人员"xíngzhèng rényuán（行政管理幹部），b."业务人员"yèwù rényuán（専門職担当者），c."一般人员"yìbān rényuán（総務，雑務担当者）に分けると，bに対して"老师"を用いることがa，cに対してよりずっと多い，(3)組織内では一般に自分より年長の者に対して用いられる，(4)組織外の人から"(～)老师"で呼ばれるのは"文艺界"の者が最も多い，といっています。

　"表演界"に身を置く若い知人にただしたところ，(2)(3)については，"表演界"では監督や，年長で経験豊かな俳優，メイク，結髪，照明，舞台装置など裏方の仕事にたずさわる人々に対して"老师"を用いる；"相声"xiàngshēng（漫才）などでも自分より年長でベテランの相方に"老师"を用いる；一方，同じ裏方の仕事でも録音技師のように機械を扱う技能労働者には"师傅"shīfuを使うこともある；(4)については画家，書道家，篆刻家などにも"老师"が使われる；"老师"は"师傅"より"高一级"gāo yì jí（ワンランク上）という意識で使われる，という答えでした。とすれば，このような"老师"は教師でも師事する先生でもなく，ある人々に対する呼称ということになります。

　『中国語学習Q＆A101』（相原茂「"刘司机"と呼べなくて…」大修館書店，1991年）では，職業・身分を，A)"校长"xiàozhǎng"李主任"Lǐ zhǔrènのように「(名前＋)職階」で呼べるグループと，B)"*刘司机"のように呼べないグループとに分け，B)には"师傅"を使った呼びかけが多く用いられるが，それは「名前＋職

階」が敬意と親しみを込めた言い方であるゆえ，身分・職階の上位のものに限られるからだ，としています。そしてこのほかに敬意は感じられるが「(名前＋)職名」で呼べない第3のグループがあることを指摘し，"＊王作家""＊李画家"の例をあげています。"老师"はどうやらこれら「自由業的で独立性が高く……組織内の上位身分という要素がない」第3グループに対する呼称として使われているといえそうです。職名では呼べない，学問・教養の程度が高く敬意の対象であれば"师傅"は使えない，"同志"tóngzhìでは固苦しく，"先生"xiānshengでは親近感がない，そこで"老师"の登場となったのでしょう。ご質問の"老师"(初対面でもOK)と呼びかけられた作曲家達はむしろ教師でないと言う方が当たっていると思われます。

(喜多山幸子)

Q 8. "老师""教师""教员"

中国語で自己紹介をしたとき，夫のことを"我爱人的职业是老师。"Wǒ àiren de zhíyè shì lǎoshī といったところ，"老师"よりも"教师"jiàoshī のほうがよいといわれました。なぜ"老师"ではぐあいが悪いのかよくわかりません。また"教员"jiàoyuán も辞書を引くと上の二つと同様「教師」とでています。これらに違いがあるとすれば，どういう点なのでしょうか，お教えください。

A
「教師のほかにも作家や画家，映画監督，ベテランの俳優などを呼ぶときにも"老师"が使われている」ということを，Q.7で紹介しましたが，このことから，"老师"というのは職業という

より，教師をはじめ作家や監督などを職業とする人に対する呼称だということがわかっていただけると思います。日本語でも「先生」で真っ先に思い浮かぶのは教師ですが，そのほか一部の職業の人（中国語と一致しません）も「先生」で呼ぶというのと同じです。それで"他是老师。"とはいえても，"职业是老师。"が変に感じられたということではないでしょうか。なお，単に"老师"ではなく，"小学"xiǎoxué，"中学"zhōngxué などをつけて"职业是小学老师。"などとすると，おかしな感じはなくなるようです。"教师"は学校などで学問や技芸を教えることを仕事とする人ですが，"老师"はことばや学芸を教わる相手ならば，それを職業としていなくても使うことができます。《实用汉语课本》1にある一節を見てみましょう。

　　古波 Gǔbō：我和帕兰卡还有一个中国老师。Wǒ hé Pàlánkǎ hái yǒu yí ge Zhōngguó lǎoshī.（ぼくとパランカにはもう一人中国人の先生がいるんだ）

　　丁云 Dīng Yún：谁？Shéi?（どなたですか）

　　古波：丁老师，她教我们口语。Dīng lǎoshī, tā jiāo wǒmen kǒuyǔ.（丁先生だよ，彼女がぼくたちに口語を教えてくれる）

　　丁云：不敢当。你们是我的英语老师。Bù gǎndāng. Nǐmen shì wǒ de Yīngyǔ lǎoshī.（とんでもない，あなたたちこそ私の英語の先生よ）

　　帕兰卡 Pàlánkǎ：我们互相学习。Wǒmen hùxiāng xuéxí.（私たち互いに勉強しあいましょう）

中国人留学生の丁雲と，英語を母国語とする二人の学生の会話ですが，日頃，丁雲が二人と中国語でおしゃべりをしたり，二人が丁雲の英語の質問に答えたりしていることから互いを"老师"と呼んでいます。なお上の会話の中の"老师"はどれも"教师"に

置き換えられませんが、それは彼ら三人が教師の職にないという理由からではなく、この文脈を離れても"*我有一个教师"や"*我的教师"ということはできません。これは"老师"が学芸を媒体として師弟という人間関係を表すことばであるのに対し、"教师"にはその要素がないからだと考えられます。また"教师"で呼びかけたり、姓を冠して"*丁教师"のようにいうことはできません。

最後に"教员"ですが、一般に学校に勤務している人の中で、"干部"gànbù（幹部）、"职员"zhíyuán（職員）、"工友"gōngyǒu（用務員）などと並んで教育をおこなう人をいいます。"列车员"lièchēyuán（乗客係）、"研究员"yánjiūyuán（研究スタッフ）、"服务员"fúwùyuán（サービス係）など"～员"の付くものは、総じて組織や企業、商店などのワクの中のある仕事の担当者のことです。"大学教师"dàxué jiàoshī、"大学教员"dàxué jiàoyuán、"家庭教师"jiātíng jiàoshī はいいますが"*家庭教员"とは言いません。また一般に"教员"は呼びかけに用いたり、姓を冠することはできません。

（喜多山幸子）

9. 中国語で古典を学ぶには？

夏休みに、一念発起して《三国演义》を中国語の原文で読もうと思いますが、習った中国語よりも漢文に近くてとまどいました。漢文訓読は苦手でしたので、中国語で古典を学びたいのですが、どうしたらよいでしょう？

たしかに《三国演义》は古白話といってもかなり漢文

("古汉语" gǔhànyǔ)に近いですね。ほんとうは古白話の語法を勉強しなくてはなりませんが,《三国演义》ならば古代漢語の学習を加えれば,なんとか読んでゆけると思います。

　以下,独習する人のために,古漢語辞書や学習書を中心にご紹介します。対象は現代中国語を学んだ方に限ります。

　辞書はなんといっても,

　　⓪ ご愛用の中日辞典

を座右に置き,それと,いやそれ以上に,

　　① 商务印书馆《新华字典》

をお引きください。古漢語専用辞典としては,

　　② 商务印书馆《古汉语常用字字典》
　　③ 四川人民出版社《简明古汉语字典》
　　④ 云南人民出版社《简明古汉语词典》
　　⑤ 河南人民出版社《实用古汉语大词典》

などを引くことです。③がバランスのよい編集です。このごろ筆者がいちばん先に引くのはこれです。④は品詞つきで,意味項目の分類がやけに詳密ですが,出典に誤りが目立ちます。また,熟語も多少はのせていますが,基本的には単字解説の字典だと思って差し支えありません。⑤も品詞つきで,例文に現代語訳がつくので助かります。

　なお,日本の漢和辞典は我慢して引かないことがかんじんです。ただ,熟語として確認しなくてはならないような場合には上にあげた辞典類では用事が足りません。そういうときに引けばよいのです。しいて一点だけあげるなら,

　　⑥ 三省堂『全訳　漢辞海』

が,豊富な例文をすべて口語訳してあるので便利です。

　古典では「虚詞」の辞典を引くことが多くなります。《三国演义》

ならば古白話の虚詞辞典までは必要ありません。古漢語虚詞なら，

　⑦吉林教育出版社《古汉语虚词手册》

　⑧陕西人民出版社《古汉语虚词用法词典》

の2点が，例文にすべて現代漢語訳がついていて使いやすく，内容も信頼できます。

　語法語彙を含めた総合的な学習書としては，

　⑨上海教育出版社《文言读本》

　⑩天津人民出版社《古代汉语读本》

ぐらいが適当です。⑨は語法研究で著名な呂叔湘氏も編集に加わっており，課文に変化があって楽しいものです。⑩は古漢語語法の解説がしっかりしています。

　学習書はほかにもいろいろな出版社から分厚い《古代汉语》のたぐいが出ていますが，まずたいていは途中で挫折します。⑨ないしは⑩を仕上げて，あとは直接《三国演义》にトライすることです。

　語法そのものに興味を持つ人のために語法書を少しあげておきます。

　⑪中华书局《文言文法》（楊伯峻）

　⑫中华书局《汉语文言语法》（劉景農）

　⑬语文出版社《古汉语语法及其发展》（楊伯峻・何楽士）

　⑪は1963年，⑫は1959年刊。ともにバランスのよい記述が特徴。⑬は1992年刊の研究書ですが，手元にあると役に立ちます。

（佐藤　　進）

　10. 中国語の近代とは？

　中国語の専門書で「近代語」のなんとかという書名が目に

つきます。内容は唐宋代のことばも取り扱われているようですが,「近代」といえば,日本史では「明治以後」で,中国史では「アヘン戦争以後」になるのではないでしょうか。いつから「近代」の意味が変わったのでしょうか？

A 政治経済史でいう「近代」はご質問のとおりです。しかし,言語の歴史は政治経済の影響を受けないことはありませんが,一般には言語そのものに内在する要因で歴史的変化をとげると考えられています。したがって,いわゆる時代区分も,政治経済の時代区分とは異なるものになってきます。

中国語史の時代区分としては,1900年代の初めごろから半ばごろまでに,音韻史の目覚ましい業績を上げたスウェーデンのカールグレンが示した四期説が主流でした。すなわち,紀元前6世紀以前の「上古漢語」,紀元後6世紀末の「中古漢語」,11世紀前後の「近古漢語」,14世紀前後の「早期官話」です。

しかし,これは音韻資料が存在するポイントをいったまでで,必ずしも区分を意識したものとはいえません。区分を意識したものでは,羅常培(言語学者,1899-1958)が早くから次のような六期説を出しています(《汉语音韵学导论》)。

第一期:周秦(前11世紀——前3世紀)
第二期:両漢(前2世紀——後2世紀)
第三期:魏晋南北朝(3世紀—— 6世紀)
第四期:隋唐宋(7世紀——13世紀)
第五期:元明清(14世紀——19世紀)
第六期:現代(20世紀)

さらに,王力(言語学者,1900-1986)は晩年に,上の隋唐宋をおのおの「隋-中唐」「晩唐-五代」「宋」に分け,元明清を「元

「明清」に分ける9期説を発表しました(《汉语语音史》)。

中国語史の時代区分では,音韻史の研究が先行している状況が続いているといえましょう。しかし,語法史の観点を加味するなら,おのずと別の区分論があるべきです。音韻変化の段階と語法変化の段階には,歩調のあわない部分があるからです。

語法史では,呂叔湘(言語学者,1904-1998)の提案により(《近代汉语指代词》),古代漢語と現代漢語のあいだに近代漢語をはさむ「三分法」がおこなわれてきました。しかし,近代漢語も研究の精度が上がるにつれて,いくつかの下位区分を設定する動きがでてきました。以下に掲げる区分は,特に7世紀以降の語法史に,音韻史の観点を加えて提案されたものです(《近代汉语研究》所収の胡明揚論文による)。

　　上古:殷周 —— 前漢(前11世紀 —— 紀元前後)
　　中古:後漢 —— 唐初(1世紀 —— 7世紀)
　　近代早期:唐初 —— 五代(7世紀 —— 11世紀)
　　近代中期:宋 —— 元末(11世紀 —— 14世紀)
　　近代後期:元末 —— 清初(14世紀 —— 18世紀中葉)
　　現代:清初 —— 現代(18世紀中葉 —— 現代)

「中古」は「中世」とよんでもかまいません。また日本の学界では,宋元明の言語を「近世」ということがふつうで,その場合「近代」は清代の言語を指すことになっています。　　(佐藤　進)

2

発音と意味

Q 11. 品詞や意味と声調との対応関係

"背"は動詞「背負う」の意味のときにはbēiと発音し,名詞「背中」の意味のときには声調が変わってbèiと発音するようですが,品詞や意味と声調との間に,何かルールがあるのでしょうか?

A
たしかに,常用語彙の中には,ご質問のような区別の仕方をする語が少なくないですね。ちょっと例をあげてみましょう。

【A類】

担 dān（かつぐ）, dàn（天秤棒）

分 fēn（分ける）, fèn（成分）

缝 féng（縫う）, fèng（縫い目）

供 gōng（供給する）, 担 gòng（供物）

教 jiāo（教える）, jiào（教え）

铺 pū（敷き広げる）, pù（商店）

钻 zuān（きりで穴をあける）, zuàn（きり）

上の例はちょうどご質問の"背"と同じように第1声・第2声が動詞,第4声が名詞という関係になっています。こういう例は少なくありません。下の例はどうでしょう。

【B類】

冠 guān（かんむり），guàn（かぶせる）

间 jiān（あいだ），jiàn（へだてる）

妻 qī（つま），qì（嫁にやる）

王 wáng（王者），wàng（君臨する）

中 zhōng（中央），zhòng（あたる）

B類は逆に第1声・第2声が名詞，第4声が動詞という関係になっています。しかしよく見ると，名詞としての意味のほうが，どうやら基本義のようなあんばいではありませんか。その目でもういちどA類を見直すと，A類ではどちらかというと第1声・第2声の動詞のほうが基本義のようです。

つまり，第4声（隋唐以前の声調区分では「去声」）で発音する語義は，第1声・第2声（隋唐以前の区分では「平声」）の基本義から派生したのだと考えることができそうです。こういう，声調の違いによって意義を区別するやり方は "四声别义" sìshēng biéyì といわれます。

"四声别义" 現象がいつごろからあったかというと，四声というものを明確に認識するようになった後漢から魏晋のころだというのが定説です。そのころやっと「去声」が発見されたらしいのです（紀元前に「去声」が存在したかどうかは各種の説があって定まりませんが，その存在をはっきりと意識したのは後漢から魏晋ころであったでしょう）。それで，なにか意味や品詞の区別を強調したい語については，これを「去声」（すなわち今の第4声）で発音するようにしたわけです。ただし，人為的にそうしたのか，はたまた，自然にそうなったのかは，はっきりしません。

【C類】は第3声から派生した例です。第3声からの派生の時期はずっと後になります。

【C類】

把 bǎ（にぎる）, bà（物の柄）

处 chǔ（処置する）, chù（ところ）

卷 juǎn（巻く）, juàn（巻物）

数 shǔ（数える）, shù（かず）

【D類】は同じ動詞でも、使役動詞になったり、自動詞が他動詞化したり、特殊な動作行為に限定したりするような例です。

【D類】

来 lái（来る）, lài（来させる）

劳 láo（つかれる）, lào（ねぎらう）

养 yǎng（やしなう）, yàng（仕える）

もっともD類の例は、今では発音が統合されてしまい、第4声には読まれません。旧読です。現代語では、発音を区別しなくても、まぎれることがないからそれでよいのです。 （佐藤　進）

Q 12. どちらに読んだらいい？

講読で読まされていて、量詞の"场"cháng/chǎngが出てくるたびに声調を直されます。どのような場合に二声になり、どのような場合に三声になるのかわかりません。お教えください。

A

一つの字が二通りに読まれ、どちらも量詞に使われるものは多くありません。常用量詞の中で、この"场"のほかには"撮"cuō/zuǒぐらいなものでしょうか。"撮"は、

cuō　一撮盐 - yán　（一つまみの塩）

一撮芝麻 – zhīma　　（一つまみのゴマ）

zuǒ　一撮头发 – tóufa　　（一つまみの髪の毛）

　　　一撮胡子 – húzi　　（一つまみのヒゲ）

のように読み分けられます。少量を表すことでは両者同じですが，前者は粒状のもの，散らばったものの場合の，後者は毛など房状のものの場合の発音となります。

　"cháng"と"chǎng"も始まりから終わりまでを「1」として数える場合に用いられるという点では共通していますが，そのことがらによって第2声に読んだり，第3声に読んだりという使い分けがあります。

<cháng>

　①下了一场雨 xiàle yì cháng yǔ　（雨が降った）

　②进行了一场革命 jìnxíngle yì cháng gémìng　（革命をおこなった）

　③害了一场大病 hàile yì cháng dà bìng　（大病をした）

<chǎng>

　④进行了一场考试 jìnxíngle yì chǎng kǎoshì　（試験をおこなった）

　⑤打了一场足球比赛 dǎle yì chǎng zúqiú bǐsài　（サッカーの試合をした）

　⑥看了一场中国电影 kànle yì chǎng Zhōngguó diànyǐng　（中国映画を見た）

　まず後者に注目すると，"考试"なら"考场"kǎochǎng（試験場），"足球比赛"なら"球场"qiúchǎng（球場），"电影"なら"电影院"diànyǐngyuàn（映画館）のように，これらの行為をおこなうために用意された「場」が想定できます。言い換えれば，これらはどれもある特定の場所に依拠しておこなわれる行為といえます。それ

に対し、前者にはそういった制約がありません。

このことから、試験、スポーツ、映画、パーティー、芝居、雑技などに"场"が使われていれば第三声で読み、前者のように自然現象、社会活動、個人的行為などに"场"が使われていれば第二声で読むようにすれば、ご質問にあったような読み違えはなくなると思われます。

前者を"整体量词"zhěngtǐ liàngcí、後者を"空间量词"kōngjiān liàngcíとする区別のしかたがあります。"整体"とは「全体」「まるまる」ということで、始めと終わりのある一つのことがらを数え、かつ累積量が多い、時間が長いというニュアンスを合わせ持ち、一方、後者は完結的な活動のおこなわれる空間に重点を置いたものとします。

このことから、"下了一场雨"は降り始めから雨が上がるまでの一まとまりを数えて、持続を表す"下了一阵雨"xiàle yí zhèn yǔと区別され、"看了一场电影"は映画館での映画の上映を数えて映画そのものを数える"看了一个电影"と区別されます。

〔参考〕〈动量词的语义分析及其与动词的选择关系〉邵敬敏《中国语文》1996年第2期

《写作量词描写词典》陕西人民教育出版社 1991年2月

(喜多山幸子)

Q 13. 四声と強さの関係

先生の発音や録音テープについて練習しているときには四声の具合がうまくいっているような気がするのですが、一人で発音すると我ながらフニャフニャした感じがするだけで

「決まった！」という自信が持てません。四声の練習のコツがあるならお教えください。

A 中国語の四声は一音節のなかで声の高さを上げ下げするという音声特徴が基本で、ピッチアクセントと呼ばれます。

日本語の場合には、標準語の「はし＋が」を例にとると「箸が」では〔高低低〕、「橋が」では〔低高低〕、「端が」では〔低高高〕というようなアクセントの型があります。

英語にはストレスアクセントがあって、おなじ [difər] でも前にストレスがあれば *differ*（異なる）、後ろにストレスがあれば *defer*（延期する・譲歩する）になるわけです。日英語いずれにしても中国語の声調とは異なる特徴によって区別されます。

これらの種々のアクセントについて統一的な捉え方をして、説明（正確には「記述」といいますが）を一本化しようという試みが、服部四郎博士によってなされました。1954年以来、高さ・強さ・調音すべてを総合したアクセント素という考え方を展開され、1973年に『言語の科学』第4号（東京言語研究所）に掲載された「アクセント素とは何か？　そしてその弁別的特徴とは？」という論文で北京語にも適用されたのです。北京語に関しては「十分練れた考えとは言えないが、ひとつのアイデアとして提出しておく」と断っていますが、おおむね以下のような説明でした。

2声と3声は「低起」という特徴を持っているのに対し、1声と4声とはこれを有しない「無標声調」である。2声と3声とが上昇調なのは無標のレベル（自然の高さ）に声の高さが戻ろうとするのである。次に、1声と2声は後部が強く、3声と4声は前部が強い、などという特徴を提示しています。これを筆者流にわかりやすく整理すると、

	無標	低起
後強	1声	2声
前強	4声	3声

となります。なお、ここでの「強さ」というのは、機械で計測したような物理的なものではなく、発音する人の「調音努力」と考えるべきです。

この提案に対し、翌年の同じ雑誌第5号に平山久雄先生が「北京語の声調体系——特に第3声の解釈をめぐって——」という論文を書かれ、第3声に関しては「やや高く始まり、声帯緊張の強化とともに低く沈む」という従来からいろいろな学者によって出されている観察を支持されました。また、同号にはその批判をふまえて服部博士ご自身が修正説をだされています。言語学的解釈としては修正説をとるべきでしょうが、学習上のヒントとしてはむしろ前号のアイデアのほうが有効かもしれません（第3声は平山説にしたがいますが）。

つまり、四声の練習に際して、声の高低だけでなく、強弱の特徴をからませ、1声と2声は後ろを強く、3声は真ん中を強く、4声は出だしを強くやってみるのです。きっと出しやすくなるはずです。

(佐藤　進)

Q 14. "不"の新しい変調か？ "不都〜"の発見

最近使いましたテキストの中で（東方書店『みんなの中国語会話』北京放送）に次のような文があり、

他的事儿不都跟您说过了吗？ Tā de shìr bú dōu gēn nín shuōguò le ma?

この文の"不都"のところの発音が"不都"bú dōuとついておりました。付属のテープの発音も確かに"不都"bú dōuと"不"が第2声でした。これは今までの"不"の変調規則と違うと思うのですが、どういうことなのでしょうか。

A "不"は後ろに"都"のような第1声が続けばbù dōuとなります。これがルールです。次のような場合は規則通りです。

①他们不都是中国人。Tāmen bù dōu shì Zhōngguórén.（彼らはすべてが中国人というわけではない）

しかし、これが反語文となると、

②他们不都是中国人吗？Tāmen bú dōu shì Zhōngguórén ma?（彼らはみんな中国人でしょ？）

確かに"不"が第2声に発音される現象が観察されます。これは反語文のときに限られます。

ご質問の文も"不都～吗？"という反語文であり、この場合に限って見られる極めて特殊な発音現象です。従って、普遍的な、規則的な変調とはいえず、教学の場などでも特に取り上げられることもなかったのだと思います。

一般に反語文の文音長 *Sentence Intonation*（句調）はつぎのような形をしています。一般的な"不是～吗？"の形をみましょう。

　　　　／・　＿／

③这个不是很好吗？Zhèige bú shi hěn hǎo ma?（これ、とてもいいじゃない）

④你不是明明吗？Nǐ bú shi Míngmíng ma?（あんた、明明じゃない！）

後半が顕著な上がり調子になっています。また、"不是"を含む前半が軽く、すばやくいわれます。

またこの文音調パターンでは"不"は第2声です。この反語文パターンの中で"不是～吗？"の"是"のところに"都"dōuがはめ込まれたと考えることができます。

つまり"bú ～ ma?"という反語文音調が維持されたまま、中に"都"dōuがはめ込まれ、結果として"bú dōu ～ ma?"という音形が実現したのではないかと解釈されます。

どう理由づけるか、ほかにも解釈の仕方はあるよう気がしますが、一応このようにお答えしておきます。

反語文には通常の文法規則を逸脱した構造がよく現れますが、発音においてもこのような原則破りがおこるということでしょう。いずれにしろ、"不都"bú dōuという発音現象の発見は特筆に価するものだと思います。

〔相原　茂〕

Q 15. 三声が三つ以上続く場合

三声が二つ続くときに、前の三声が二声にかわることは知っていますが、三つ以上続くときはどうなるのでしょう。わたしの先生は、その場その場で、こう読んでくださいというだけです。法則のようなものはないのでしょうか。

A

まるで自分のことをいわれているようで、耳が痛くなるような質問ですね。

さて、少しあらっぽい言い方をすれば、三声がならんでいる場合、基本的には、最後の三声以外はみな二声に読むというのが、中国人にとっても、自然な読み方だといえます。とりわけ、

(a) 展览馆 zhǎnlǎnguǎn（展示館）

のような，■■□のような構造をもつ三字の複合語では，まず，"展览"の部分が2声＋3声となり，続いて"览"と"馆"の部分が2声＋3声となるので，全体としては2声＋2声＋3声となるわけです（もっとも，まん中の2声は1声に近くなる）。

しかし，また，人間は文字を読む場合，意味のまとまり，切れ目というものを意識しながら読むわけですから，上の読み方に反するものも出てきます。たとえば，

(b) 纸老虎 zhǐlǎohǔ （はりこの虎）

のような，□■■のような構造をもつ語や連語では，トラの部分（"老虎"）が"láohǔ"と発音されますので，その前の"纸"は三声連続の環境から解放され，三声を維持することになるわけです（"zhǐláohǔ"）。このタイプの例を少しあげておきましょう（以下，変調後の声調で示します）。

①老古董　lǎo gúdǒng （古い骨董）
　李厂长　Lǐ chángzhǎng （李工場長）
②紫粉笔　zǐ fénbǐ （紫色のチョーク）
　好小伙子　hǎo xiáohuǒzi （立派な若者）
③很勇敢　hěn yónggǎn （とても勇敢だ）
　很理想　hěn líxiǎng （とても理想的だ）
④买水果　mǎi shuíguǒ （果物を買う）
　搞土改　gǎo túgǎi （土地革命をする）
　有影响　yǒu yíngxiǎng （影響がある）
⑤我很好　wǒ hén hǎo （わたしはとても元気だ）
⑤'我也有　wǒ yé yǒu （わたしも持っている）
　我有笔　wǒ yóu bǐ （わたしも書くものを持っている）

ただ，さきにものべたように，三声が続くと，自然な読み方としては，まず(a)型に読もうとする傾向がありますので，(b)のタ

イプでも(a)型に読む人もいるようです。これは(b)型のように，最初を三声で読むためには，そのあとの声調の型がみえていないといけないわけで，それだけ緊張感が必要となるからでしょう。

　もっとも，このなかでもちがいがあって，④の動詞・目的語型は(b)型に読まれる傾向がもっとも強く，①から③がこれにつづき，主述型の⑤，とりわけ⑤′以下はむしろ(a)型に読まれやすいようです。これは，"我有～"，"我也～"という語の連続がつねに変調してもちいられるということがかかわっていると思います。

　　⑥我想买双布鞋。Wó xiáng mǎi shuāng bùxié.（わたしは布靴が買いたい）

のように，"我〔你〕想～"についても同じことがいえるでしょう。

　上でもあげたように，動詞句（それに介詞句も）は，まずひとまとまりに読まれることが多いようで，以下の例でも文頭の"我"や"你"は三声を維持することが多いでしょうが，これも絶対的なものでもありません。

　　⑦你买伞了吗？ Nǐ mái sǎn le ma?（あなたはかさを買いましたか）
　　⑧我找你。Wǒ zháo nǐ.（あなたをお尋ねします）
　　⑨我等你。Wǒ déng nǐ.（わたしはあなたを待ちます）
　　⑩我写好了。Wǒ xiéhǎo le.（わたしはちゃんと書きました）
　　⑪我比你强。Wǒ bí nǐ qiáng.（わたしはあなたよりましです）
　　⑫我给你介绍一下。Wǒ géi nǐ jièshào yíxià.（あなたにちょっと紹介しましょう）

最後の例では wó géi nǐ もかなりみられます。

　数量詞もひとまとまりの意識が強く，以下の"几""两"は2声がふつうです。

　　⑬(你家)有几口人？(Nǐ jiā) yǒu jí kǒu rén?（家族は何人で

⑭(你)几点来？(Nǐ) jí diǎn lái?（何時に来ますか）

⑮有两本 Yǒu liáng běn（二冊ある）

年号の四桁は2字ずつ読まれますので、"一九九八"はyī jiǔ jiǔ bā と3声が続き、"一九九九年"はyījiǔjiújiǔ nián と三字目の"九"に変調が起こります。

（荒川清秀）

Q 16. 3音節語の声調・アクセント

たとえば"江泽民"Jiāng Zémín などの人名を発音するときには、2字目の"泽"を軽く発音するとよいと聞きました。人名以外の単語で3字のものには、そういう注意がいらないのでしょうか？

A

おっしゃることは、3音節語のアクセントに関する問題になります。中国語を学習する際には、声調のことに意識が集中して、アクセントのことについては、ついなおざりになりがちです。

アクセントを云々する前に、まず声調の変化、変調についてご説明しましょう。2音節語の場合には、ご承知のように、「3声＋3声」は「2声＋3声」になります。

"雨水" yǔshuǐ ⟶ yúshuǐ

また、「3声＋非3声」は「半3声＋非3声」になりますね。たとえば"许多" xǔduō は声調の後半の部分をつけないのでした。

3音節語ないしは3字の語音連続の場合は次のようになります（ただし、共通語というよりは北京語での現象だと考えてください）。

① 1声＋2声＋1声 ⟶ 1声＋1声＋1声
　"东南风" dōngnánfēng ⟶ dōngnānfēng
② 1声＋2声＋2声 ⟶ 1声＋1声＋2声
　"三年级" sānniánjí ⟶ sānniānjí
③ 1声＋2声＋3声 ⟶ 1声＋1声＋3声
　"他没有" tā méiyǒu ⟶ tā mēiyǒu
④ 1声＋2声＋4声 ⟶ 1声＋1声＋4声
　"西红柿" xīhóngshì ⟶ xīhōngshì
⑤ 2声＋2声＋1声 ⟶ 2声＋1声＋1声
　"梅兰芳" Méi Lánfāng ⟶ Méi Lānfāng
⑥ 2声＋2声＋2声 ⟶ 2声＋1声＋2声
　"还没来" hái méi lái ⟶ hái mēi lái
⑦ 2声＋2声＋3声 ⟶ 2声＋1声＋3声
　"国民党" guómíndǎng ⟶ guómīndǎng
⑧ 2声＋2声＋4声 ⟶ 2声＋1声＋4声
　"巡洋舰" xúnyángjiàn ⟶ xúnyāngjiàn

つまり,「1声ないしは2声と他の声調にはさまれた2声は1声化する」というルールがあります。ただしこのルールは, ゆっくり丁寧に発音する場合にはあてはまりません。

次に, アクセントについてご説明します。アクセントは一般に強・中・弱の3段階になります。で, 3音節語の場合, 最も多いパターンは「中＋弱＋強」のパターンです。

たとえば：

凡士林　fánshìlín　　　　冰激凌　bīngjīlíng
西红柿　xīhóngshì　　　　打字机　dǎzìjī
凤凰山　fènghuángshān　　司马迁　Sīmǎ Qiān
热呼呼　rèhūhū　　　　　喜洋洋　xǐyángyáng

発音と意味

しかし，軽声を含む単語は，意味の切れ目に応じて異なるパターンを示します。

たとえば：

中＋強＋弱　　　　　　　中＋弱＋強

麻・豆腐 mádòufu　　　　豆腐・皮 dòupí

毛・玻璃 máobōli　　　　玻璃・丝 bōlisī

糖・葫芦 tánghúlu　　　　芝麻・酱 zhīmajiàng

老・狐狸 lǎohúli　　　　　喇嘛・教 lǎmajiào

姑・奶奶 gūnǎinai　　　　买卖・人 mǎimairén

大・舌头 dàshétou　　　　格子・布 gézibù

このほか，"孩子们" háizimen，"朋友们" péngyoumen などの「強＋弱＋弱」というパターンもあります。

（佐藤　進）

Q 17. どこにストレスを置くか？

禁止を表す"别～了" bié～le には二つのタイプがあり，それぞれストレスの位置が異なるそうですが，どうしてこのようなことが起こるのでしょうか。

A) ′别哭了。Bié kū le.〈"别"を強く〉（泣かないで）

B) 别′忘了。Bié wàng le.〈"忘"を強く〉（忘れないで）

A

確かに，"别～了"には二つタイプがあって，ふつう次のように分類・説明されます。

A) ①いま起きていることをやめさせる。

别哭了。Bié kū le.（泣かないで）

②予定している動作・行為をやめるように勧告する。

会不开了，那就别通知他们了。Huì bù kāi le, nà jiù bié tōngzhī tāmen le.（会議が開かれなくなったから、彼らに通知するのをやめなさい）

B) ③あることをしないようあらかじめ言い含める。

黑板上的字别擦了。Hēibǎn shang de zì bié cā le.（黒板の字は消さないように）

④不測の事態が起きないよう注意する。

钱装好，别丢了。Qián zhuānghǎo, bié diū le.（お金をちゃんとしまって、なくさないように）

そして、ご質問のようにAタイプでは"别"のところにストレスがおかれ、Bタイプではその後の動詞にストレスが置かれます。

人は発話に際しては強調したいところ、特に大事なところ、相手に伝えたいポイントに力を込めていうのがふつうです。たとえば"我明天回上海。" Wǒ míngtiān huí Shànghǎiでも、どこに強めを置くかでこの文の言いたい重点が違ってきます。

'我明天回上海。（**私は**明日上海に戻る）
我'明天回上海。（私は**明日**上海に戻る）
我明天回'上海。（私は明日**上海**に戻る）

"别～了"においても同様に、話し手が強調したい点にストレスが置かれるのだと考えることができます。

Aタイプは現に動作が目の前で起こっているわけですから、動詞の部分は話し手にとっても、聞き手にとってもいわば自明のことです。ここで大切なのはそれを「やめる」ということ。当然、"别"にストレスが置かれるわけです。また、予定されている動作・行為もそれが何であるかは双方に分かっていること。つまり、旧情報には強めは置かれないということです。

Bタイプの場合はこれとは違います。動作はいわばこの発話に

おいてはじめて明らかになるわけです。新情報です。ここが強く発音されるのは自然の理といえましょう。

　他の例でも同じようなことがいえます。

　　①你'怎么来的？Nǐ zěnme lái de?（どうやって来たのか）
　　②你怎么'来了？Nǐ zěnme lái le?（なぜ来たんだ）

①は文末に"的"があり、これは"你(是)怎么来的？"という"是〜的"構文。これは「実現済みの動作について、それがいつ、どこで、どうやって……」を表すもの。であってみれば、動詞の部分は旧情報というわけです。それに対して、文末"了"の②は"来"という事態に話し手は驚いているわけです。これは話し手にとっては新情報で、ストレスもここに置かれます。

〔参考〕彭可君〈副词"别"在祈使句的用法〉《汉语学习》1990年第2期

（相原　茂）

3

数と量と時間の表現

Q 18. "二位"と"两位"

"几位老师教你们汉语？" Jǐ wèi lǎoshī jiāo nǐmen Hànyǔ? という質問に"二位老师。"Èr wèi lǎoshī と答えたら"两位老师。"Liǎng wèi lǎoshī と直されました。量詞"位"の前は"两""二"共に可能だと聞いています。十分に敬意を払うつもりでより丁寧だという"二位"を使ったのですが、どうしていけないのでしょうか。

A

「量詞の前には"两"liǎng」という原則どおりの言い方が"两位"liǎng wèi, 原則からはずれているのが"二位"èr wèi ですが、"两位""二位"どちらもいえる場合と、"两位"としかいわない場合とがあります。"二位"を使うのは、まず、

① 二位先生，请等一等！ Èr wèi xiānsheng, qǐng děngyiděng!
　　（お二方，お待ちください！）

と呼びかけたり，

② 二位吃点儿什么？ Èr wèi chī diǎnr shénme?
　　（お二人は何をめしあがりますか？）

③ 我给二位介绍一下。Wǒ gěi èr wèi jièshào yíxià.
　　（お二人にご紹介します）

④ 谢谢你们二位！Xièxie nǐmen èr wèi!
　（あなたがたお二人に感謝します！）

のように前にいる聞き手を指していう場合。②③の"二位"は"你们"と置き換えが可能で，文の意味も基本的には変わらないことから，いわば代名詞として使われているといえます。④では"你们"と"二位"は同一の人物を指し，どちらか一方を除いて"谢谢你们！""谢谢二位！"としても意味に変わりありません。"二位"は目の前の二人に対してだけ使われるとは限りません。"二位"に当たる人物が会話の場や話の聞こえる範囲内にいるときはもとより，いない場合にも次のようにいえます。

⑤ 我想请陆马二位来我家吃饭。Wǒ xiǎng qǐng Lù Mǎ èr wèi lái wǒ jiā chīfàn.（陸さんと馬さんのお二人を食事にお招きしたいと思う）

⑥ 他们夫妻二位都在北京大学教书。Tāmen fūqī èr wèi dōu zài Běijīng Dàxué jiāoshū.（ご夫婦お二人とも北京大学で教えておられる）

"二位"は⑤では"陆马"と，⑥ではまず"夫妻"と，さらに"夫妻二位"は"他们"と同格になっています。

以上の例に見られるように"二位"は特定の人物に対して使われます。「特定」とは「すでに話の中で言及されたか，すでに知っている」モノのことで，①〜④では場面から，⑤⑥では文脈から"二位"がどの二人を指すかが明らかになっています。ですから，ご質問にあった人数を聞かれたときの答えとして"二位"を用いることはできませんし，また，

⑦ ＊客厅里坐着二位客人。（"两位"は可）
　（客間に二人のお客が座っている）

のような存現文の目的語に"二位"がくることもありません。

⑧我想请二位来我家吃饭。Wǒ xiǎng qǐng èr wèi lái wǒ jiā chīfàn.（お二人に食事に来て頂きたいのですが）

の"二位"は聞き手に限られますが、"两位"にはこのような制約はなく、

⑨我想请两位来我家吃饭。Wǒ xiǎng qǐng liǎng wèi lái wǒ jiā chīfàn.

では、⑧と同じ意味になるほかに、"你打算请几位客人来你家吃饭？"Nǐ dǎsuan qǐng jǐ wèi kèrén lái nǐ jiā chīfàn?（何人食事に招くつもり？）の答えとして、さらに後に"你看请谁好呢？"Nǐ kàn qǐng shéi hǎo ne?（誰を呼んだらいいと思う？）、"你看请哪两位好呢？"Nǐ kàn qǐng nǎ liǎng wèi hǎo ne?（どの二人を呼んだらいいだろうね？）などが続く場合が考えられます。

（喜多山幸子）

Q 19. "您三位"と"你三位"

私の習っている教科書に"您三位喝点儿什么？"Nín sān wèi hē diǎnr shénme? という表現がありますが、"您三位"といういい方が気になってしかたがありません。"您"は二人称の単数を表し、"三位"は複数を表すもので、両者が一緒に使われるのはおかしいのではないでしょうか？もし"您三位"がいえるのなら、"你三位"nǐ sān wèi もいえるのでしょうか？

A

まず、"你三位"といういい方ですが、これはいえません。しかし、"您三位"は自然な中国語として用いられます。もちろん

"你们三位"ということもできます。この場合，"您三位"は"你们三位"と比べてより尊敬の度合いが高いといえます。

ではなぜ"您三位"が可能で，"你三位"がいえないかということですが，中国語の人称代名詞の"我"wǒ，"你"nǐ，"他"tā はそれぞれ第一，第二，第三人称の単数をさしますが，これらの人称代名詞の複数形式は後ろに"们"men をつけて，"我们""你们""他们"のように表します。それに対し，"你"の敬称である"您"の複数形式は後ろに"们"をつけるのではなく，数量詞をつけて，"您三位"のように表すのがふつうです。ですから，"您三位"がいえても，"你三位"はいえないのです。一方，"您们"という形は書きことばでは用いることもありますが，話しことばでは使いません。

"你们三位"と"您三位"は尊敬の度合いが違うほかに，構文的にも違いがみられます。"你们三位"では，"你们"と"三位"は同格（イコール）関係にあり，"你们＝三位"の図式が成立します。ですから，（実際に相手が三人であれば）どちらかを省いて，

① 你们喝点儿什么？ Nǐmen hē diǎnr shénme? （何か飲みますか）

といっても，また，

② 三位喝点儿什么？

といってもかまいません。ただし，後者のほうがより丁寧ないい方になります。ところが，"您三位"では，"您"と"三位"が同格関係ではないので，"您"を省いて，

③ 三位喝点儿什么？

ということはできますが，"三位"を省いて，

④ 您喝点儿什么？ Nín hē diǎnr shénme?

というと，二人称の単数しか表せません。

このように、"您"と"你"は単独で用いられるとき、同じ二人称の単数しか表しませんが、複数を表す場合、"们"と結びつくかどうかで両者の間にズレが生じてくるのです。なお、ご質問の主旨とはやや違いますが、「あなたの学校には生徒が何人いますか」というとき、中国語ではたとえ相手が一人でも、"你们学校有多少学生？" Nǐmen xuéxiào yǒu duōshǎo xuésheng? のように、二人称の複数でいうのがふつうです。この場合"你们学校"の代わりに、"您学校" nín xuéxiào や、"你学校" nǐ xuéxiào はいえません。

(楊　凱栄)

Q 20. 十年余りは"十年多"それとも"十多年"？

作文で「十年余り待った」を"等了十年多"と書いたら"等了十多年" děngle shí duō nián と直されました。どうしていけないのでしょう。

A

端数を表す"多"の用法については、入門テキスト、文法書、それに辞書に説明がありますから、自明のように思えますが、必ずしも説明は要を得ているようには思えません。たとえば、光生館の『現代中国語辞典』には、「一般に数詞と助数詞の間におくが、"月""星期""小时"などについては助数詞の後に置く」とありますが、"十多个月"という例がすぐ浮かびます。小学館の『中日辞典』の「数量詞の後につけて用いる」という説明は光生館とちょうど逆ですが、そのあとにあげられた例"五十多岁"は、この説明の例としてはふさわしいとはいえません。

"多"の用法は簡単にいえば、「量詞の前か後ろ」と覚えておけ

ばいいのですが、あとにくる名詞の性質や前にくる数詞の大きさによって少し修正が必要になります。"年"nián, "天"tiānのように直接数詞を受ける名詞は準量詞と呼ばれたりしますが、これは量詞に準ずるものと考えます。まず、

　（Ⅰ）数詞+"多"+量詞+名詞（準量詞）

のケースは、整数の端数がある場合で、しかも前の数詞が二ケタ以上で末位がゼロであることが必要です。たとえば、

　十多个人 shí duō ge rén（十数人）

　二十多个月 èrshí duō ge yuè（二十数ヵ月）

　三十多年 sānshí duō nián（三十数年）

のように。

　一百多人 yìbǎi duō rén（百人余り）

　一千多页 yìqiān duō yè（千ページ余り）

の"多"は、理論上は前の位の一つ下の位（十と百）を指すわけですが、実際にはあいまいです。これに対し、

　（Ⅱ）数詞+量詞+"多"+名詞（準量詞）

のほうは、まず、整数以下の単位が存在するかどうかが決めてになります。たとえば、

　一个多月 yí ge duō yuè（一ヶ月余り）

　一个多星期 yí ge duō xīngqī（一週間余り）

　一个多小时 yí ge duō xiǎoshí（一時間余り）

　一年多 yì nián duō（一年余り）

　一天多 yì tiān duō（一日余り）

がそれにあたります。

　一个多人 yí ge duō rén

がいえない理由はもうおわかりでしょう。

　この場合、数詞の部分にも制約があり、一ケタか、二ケタでは

せいぜい十であることが必要です。つまり,

  一年多 十年多 二十年多 一百年多

では,前の数詞が大きくなればなるほどおかしな表現になります。一年の端数は数日ですから問題ないのですが,百年に対する余りはふつう何年か（それなら"一百多年"となる）であって,それを何日か（"一百年多"）で示すことが不自然なのでしょう。

 さて,ご質問ですが,中国語そのものについては,"十多年""十年多"どちらも可能です。この場合前者は「十数年」であるのに対し,後者は「十年」と一年に満たない端数ということになります。問題は,「十年余り」に対応する中国語はどちらが適当かということになりますが,わたし自身やまわりの日本人にきいた範囲では"十多年"の方が近いようです。これは上でも述べたように,日本語で「一年余り前」の余りと「十年余り前」「百年余り前」の余りには違いがあるからです。

（荒川清秀）

Q 21. "半个人" "1.5人"

 Q 20で"多"の用法に関して,数詞＋量詞＋"多"のほうは整数以下の単位が存在するかどうかが決めてになる,"一个多人"とはいえない旨のご説明がありましたが,「あいつはまだ半人前だ」とか「1.5人分の布が必要だ」とかいった表現,特に統計の数字では,出生率が1.53人といった表現を中国語でも目にします。こういう場合整数以下の部分を"多"で表し,

  一个多人 一辆多车

という言い方も可能ではないでしょうか。

A

　ご指摘のように「半人前」に類した表現としては，"半个人"bàn ge rén，"半个劳（动）力"bàn ge láo (dòng) lì という言い方がありますが，"一个多人"，"一辆多车"という言い方は存在しません。

　たしかに統計の数字をいうときには，ご指摘のように"1.53人" yī diǎn wǔ sān rénという言い方が可能ですが，これはあくまで統計上の数値をいう場合で，ここで問題にしている構造と同様にみることはできません。両者はたしかに現実をことばの上に反映させたものですが，その反映のさせかたが異なるのだと思います。つまり，統計上の1.53人というのは，人を分割可能なモノとみなしているからできるのです。一方"一个多人"がいえないのは，この構造がヒトを分割できない対象としてとらえているからなのです。

　もっとも，さきにあげたように，"半"だけはこの点については例外のようで，"半个（人）"という言い方が存在します。これはひとつは，大人について，だれだれは兼職だから"只能算半个"zhǐ néng suàn bàn ge（半人分としかみなせない）といったり，子どもについて，入場料や切符などが半額である（"半票" bàn piào）ことから，

　　①孩子算半个人 háizi suàn bàn ge rén（子どもは半人前にみなす）

といったりする場合です（ただし，"半个人"とい言い方に抵抗をもつ人もいます）。

　"半个劳力"のほうは主に農業の場合に，半人分の労働力にしかならない人（多く女性）について使われるものです。

　ところで，子どもに両親をまじえた場合には，

　　②两个大人一个孩子算两个半人 liǎng ge dàrén yí ge háizi suàn

　　　　liǎng ge bàn rén

といいますが,この場合,"半"の位置が量詞のあとにきていることにご注意ください。つまり,整数を含まない場合には,

　　"半"＋量詞＋名詞

となるのですが,整数を含む場合には,

　　半个月　⟷　一个半月（半月／一ヶ月半）

　　半个小时　⟷　一个半小时（半時間／一時間半）

　　半年　⟷　一年半（半年／一年半）

　　半斤 jīn　⟷　一斤半（半斤／一斤半）

のように,

　　数詞＋量詞＋"半"＋名詞

の順になることです。つぎはどちらもいえる例ですが,意味のちがいがおわかりですか。

　　三碗半 sān wǎn bàn（三杯半）

　　三个半碗＝一碗半（半椀が三つ）

なお,以上の量詞の前にある"半"は数詞といえますが,"分成两半儿"fēn chéng liǎngbànr（半分にわける）というときの"半"は量詞です。

（荒川清秀）

Q　22. 数量の強調

日本語では数量の強調は「も」を用いて「昨日は百人も来た」のように表すことができますが,中国語では数量の強調はどのように表すのでしょうか。

A

まず中国語では,「あなたも行く？」の「も」に相当する

"也" yě は数量の強調に使うことができないということを確認しておきましょう。しかし、だからといって中国語では数量の強調ができないというわけではありません。中国語の数量の強調には、少なくとも次に述べる二通りの方法が可能です。一つは "竟(然)" jìng(rán)、"居然" jūrán といった副詞を用いるというものです。

　① 昨天竟来了一百个人。Zuótiān jìng láile yìbǎi ge rén.
　　（昨日〔なんと〕百人も来た）
　② 他昨晚居然喝了十杯啤酒。Tā zuówǎn jūrán hēle shí bēi píjiǔ.（〔なんと〕彼は昨日ビールを十杯も飲んだ）

この二つの文では数量の部分はそれぞれ "竟" と "居然" によって強調されています。その意味で、数量詞を含めた表現において、"竟" と "居然" は一応「も」と似たような働きをもっているといえます。

しかし、そもそも "竟" と "居然" は予想外のことを表す副詞ですから、数量と関係のない表現に用いられてもよいのです。

　③ 这么重要的会议，他竟／居然没来参加。Zhème zhòngyào de huìyì, tā jìng/jūrán méi lái cānjiā.（こんな重要な会議に彼はなんと出席しなかった）

いうならば、"竟" と "居然" はある事態に対する話し手の意外な気持ちを表しているため、数量詞の入った表現とともに用いられると結果的に強調の意味になるわけで、その意味で日本語の「なんと」「驚いたことに」といったことばに相当する副詞というべきでしょう。

さて、数量の強調のもう一つの方法ですが、「"好"＋数量詞」という形があります。

たとえば、

　④ 昨天来了好几百个人。Zuótiān láile hǎo jǐbǎi ge rén.

(昨日何百人も来た)

⑤小王买了好几本书。Xiǎo-Wáng mǎile hǎo jǐ běn shū.

(王さんは本を何冊も買った)

ただし,注意しなければならないのは,上の例文で示したように,この形が"几"のような不定の数量詞の強調のみに用いられ,定の数量詞の強調に用いられると不自然な表現になってしまうということです。

⑥*来了好一百个人。

⑦*小王买了好五本书。

もちろん,このような定の数量の強調は,先の"竟"と"居然"を用いればよいのです。

要するに,数量の強調において,不定の数量強調には"好"を用い,定の数量強調には"竟"もしくは"居然"を用いるようにして,両者の使い分けをすればよいのです。

(楊 凱栄)

Q 23. "钟"について

1時のことを"一点"yì diǎn とも"一点钟"yì diǎn zhōng とも言いますが,この"钟"zhōng というのは一体どういう働きをしているのですか。なくてもよいもののように思えますが。

A

まず"钟"は何にでも付くものではありません。"*一号钟"とか"*半天钟"などとはいえません。"钟"付加の最大単位は「時」で,ご質問の"一点钟"がそれです。同じ「時」でも"小时"xiǎoshí には付きません。

一点钟 yì diǎn zhōng　　　＊一小时钟
一刻钟 yí kè zhōng　　　＊一个钟头钟
一分钟 yì fēn zhōng
一秒钟 yì miǎo zhōng

上の一覧から，時の長さ*Time Interval*を表す"小时"や"钟头"には"钟"は付加し得ないということ，一方，"点"のように時の点*Time Point*のみを表すもの，あるいは"刻、分、秒"のように*Time Point*も*Time Interval*も表せるのものには"钟"が付き得ることがわかります。

また*o'clock*のレベルでは"一点"は"一点钟"となっても相変わらず時刻*Time Point*しか表しませんが，基本的には二義性をもつ"刻、分、秒"の場合は"钟"付加によって一義的に時間量*Time Interval*を表すようになるのです。

一刻（15分 *p*　15分間 *i*）；一刻钟（15分間 *i*）
一分（1分 *p*　1分間 *i*）；一分钟（1分間 *i*）
一秒（1秒 *p*　1秒間 *i*）；一秒钟（1秒間 *i*）

"刻、分、秒"が二義性を持つことは以下の用例から分かります。

刻：三点一刻 sān diǎn yí kè（3時15分）
　　再过一刻咱们就回家吧 zài guò yí kè zánmen jiù huíjiā ba（あと15分たったら家へ帰ろう）
分：三点五分 sān diǎn wǔ fēn（3時5分）
　　差五分十点 chà wǔ fēn shí diǎn（10時5分前）
秒：三点二十分十二秒 sān diǎn èrshí fēn shí'èr miǎo（3時20分12秒）
　　煮三秒就行 zhǔ sān miǎo jiù xíng（3秒煮ればよい）

このように，基本的には二義性ありと認められますが，実は"刻、分"は一般的には*Time Interval*を表すときは"钟"を付加するの

がふつうです。

　　等了他一刻钟 děngle tā yí kè zhōng（彼を15分待った）

　　这个东西煮十分钟就可以吃 zhèige dōngxi zhǔ shí fēn zhōng jiù kěyǐ chī（これは10分煮れば食べられます）

上例から"钟"を省けば極めて不自然になります。つまり、"钟"は *Time Interval* を表す積極的マーカーの役を果たしているわけです。"差一刻"とか"过五分"といった表現では"刻、分"は *Time Interval* を表してはいますが、これは時計の計時法によりかかって成立している表現型であって（"差一刻三点／三点过五分"）、特殊なものと考えられます。他の動詞ではことごとく成立しないのです。

　＊走了一刻

　＊雨下了二十分

　＊要二十五分

　以上をまとめると、時間の長さと点の分業がおこなわれている時のレベルでは、"钟"の役割は目立ったものではありません。"一点"と"一点钟"のように、"钟"はあってもなくてもかまいません。しかし、"刻"以下の、基本的に二義性を有する単位においては、"钟"付加は当該単位の *Time Interval* 化のマーカーといえるわけで、決して無用の長物ではありません。

（相原　茂）

Q 24.「午後8時」といえない!?

　夜の8時に人と待ち合わせることになり、"下午八点" xiàwǔ bā diǎn といったら、"晚上八点" wǎnshang bā diǎn に直されました。「午後8時」とどうしていえないんですか。

A なかなか微妙かつ面白い問題です。日本語では「午後8時」とか「午前1時」といいますが，中国語でこれをそのまま"下午""上午"を使って，

　　午後8時 ─→ 下午八点 xiàwǔ bā diǎn

　　午前1時 ─→ 上午一点 shàngwǔ yì diǎn

というと，間違いとはいいませんが，はなはだ非日常的なものいいになります。中国語ではふつうは"晚上"wǎnshangを用い，

　　晚上八点

　　晚上一点（よりふつうには"夜里一点"yèli yì diǎn）

のようにいいます。日本語では午前と午後の2区分ですべての時間が表せますが，中国語ではここに"晚上"が加わり3区分，さらに夜中の12時以降は"夜里"を使うのがふつうですから4区分になるのが一般的な形態です。

　　夜明けから12時まで＝"上午"shàngwǔ

　　12時から日没まで＝"下午"xiàwǔ

　　日没から夜中まで＝"晚上"wǎnshang

　　夜半すぎ夜明けまで＝"夜里"yèli

したがって，ご質問の夜の8時は，一般的な言い方としては"晚上八点"のほうが自然だということになります。

　ところで中国語の時間帯意識は，実は，これらにさらに二つ，"早晨"zǎochen（あさ）と"中午"zhōngwǔ（お昼）が加わり，6つのゾーンを形成するのです。これが中国人の最も日常的かつ自然な時間意識です。

　　早晨　　上午　　中午　　下午　　晚上　　夜里
　　（あさ）（ごぜん）（ひる）（ごご）（よる）（よなか）

　かくて「午前6時」は"上午六点"よりは"早晨六点"のほう

が自然ですし,「午後12時半」は"中午十二点半"といいます。

しかしこれらの時間帯は何時から何時までと厳密に定義されているわけではありません。朝も8時ぐらいになると"早晨八点"なのでしょうか,"上午八点"なのでしょうか。昼さがりの1時半は"中午一点半"でしょうか,もう"下午一点半"なのでしょうか。隣り合う境界があいまいで,ぼんやりしています。

こういった問題について石安石という学者が面白いアンケート調査をしています。大学生や教員に各語はどの時間帯を指すかを聞いたもので,以下に図を示しておきます。真夜中すぎると"晩上"の適用比率が下がるのはここに"夜里"を使うためと思われます。

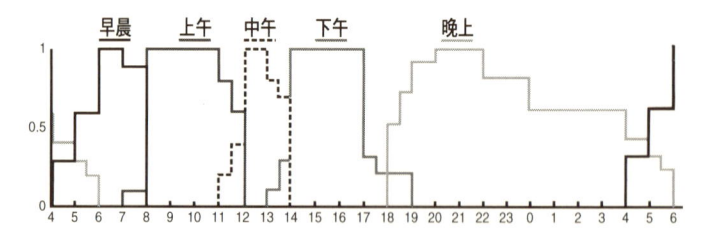

石安石〈模糊语义及其模糊度〉《中国语文》二百期纪念刊,1988年第1期)

(相原　茂)

Q 25. "这个春天"はいえますか？

「この春,中国へ行ってきました」を"这个春天我去中国了。"と書いたら,こういう言い方はしないと中国人からいわれ,"今年春天我去中国了。" Jīnnián chūntiān wǒ qù Zhōngguó le のように直してくれました。中国語で"这个春

天"はいえないのでしょうか。

A そうですね，私の語感としてもこのような場合は，"这个春天"はあまり自然ではありません。念のために十万字以上の資料をパソコンで調べてみたのですが，ついにこのような用例は一つも見つかりませんでした。"今年春天"のような形では出てきています。

①今年春天邓小平同志南巡谈话以后，…… Jīnnián chūntiān Dèng Xiǎopíng tóngzhì nánxún tánhuà yǐhòu…… （今年の春，鄧小平同志が南巡講話をおこなってから……）

②她打算在明年春天以后开始专门准备对付挑战者。Tā dǎsuàn zài míngnián chūntiān yǐhòu kāishǐ zhuānmén zhǔnbèi duìfu tiǎozhànzhě. （彼女は来年の春以降，挑戦者への対応に本格的に取り組みはじめるつもりです）

ただし，"这个春天"は前の文脈で出てきて，それをもう一度指すような場合（文脈指示の形）では自然さが少し増してきます。

③春天快到了，这个春天，你打算去哪儿？ Chūntiān kuài dào le, zhèige chūntiān, nǐ dǎsuàn qù nǎr?（もうすぐ春です，この春どこへ行くつもりですか）

それでも実例が見つからないので，このような表現には抵抗を感じる人がいるのかもしれません。

要するに"这个春天"は時間表現（時点）としては用いにくいということでしょう。中国語においてそもそも"春天"自体が時点として成立しにくいようです。

しかし，"这个～"を用いて時間を表せないわけではありません。たとえば，

A "这个春假" zhèige chūnjià（この春休み），"这个暑假" zhèige

shǔjià（この夏休み）…

B "这个星期" zhèige xīngqī（今週）, "这个月" zhèige yuè（今月）…

これらの「"这个"＋時間詞」は，"这个春天"と比べて，たとえ文脈指示でなくても，特に不自然という感じがしません。というのは"春天"のほうが何日から始まり，何日に終わるかが漠然としているのに対し，A，Bタイプにははっきりした境界線があります。私たちはカレンダーを指差して，"这个星期""这个月"といえますが，"这个春天"とはいえないのも，こうしたはっきりした期日の指定が難しいからなのでしょう。

なお，AタイプとBタイプとの間にも違いがみられ，Aタイプの"这个春假"は"今年春假"といえ，両者には日本語の「この春休み」と「今年の春休み」と同じような差異が存在します。Bタイプの"这个星期"は別のいい方がありません。その代わりに"上个星期" shàng ge xīngqī（先週），"下个星期" xià ge xīngqī（来週）のようないい方が可能です。これに対し，Aタイプでは"＊上个春假""＊下个春假"はいえません。"这个春假"というときには，話し手が春休みの直前か，春休み中もしくは春休みの直後のいずれかの時点にいないといけませんが，たとえば秋口になって，間に夏休みをはさむといえなくなります。"今年春假"にはそのような制限はありません。

(楊　凱栄)

Q 26. 時間副詞の"偶尔"

"偶尔" ǒu'ěrという単語を習うときに，日本語の「たまに」の意味で覚え，中日辞典にも"他经常吃西餐，偶尔也吃中

餐。"Tā jīngcháng chī xīcān, ǒu'ěr yě chī zhōngcān.(彼はふだん西洋料理を食べるが,たまには中華料理も食べる)のような例がのっています。しかし,中国の友人に「たまには遊びに来てね」のつもりで,"偶尔来玩儿吧。"といったら,"有空来玩儿吧。"Yǒu kòng lái wánr ba.(暇があれば遊びに来て)というべきだといわれました。どうしてなのでしょうか。

A "偶尔"はある行為,あるいは事態がかなり低い頻度で発生することを表す時間副詞です。このような頻度の多寡を表す時間副詞はほかに"有时"yǒushí(ときには),"常常"chángcháng(よく),"总是"zǒngshì(いつも),"往往"wǎngwǎng(往々にして)などがあります。これらの副詞はだいたい過去に起こった出来事について言及し,現在も含めての一種の状態を述べるのに用いられますが,未来のことについて制限なく用いられるのは"常常"だけです。

① 我以后一定常常来玩儿。Wǒ yǐhòu yídìng chángcháng lái wánr.(これからしょっちゅう遊びに来ます)

② 以后常常来玩儿吧。Yǐhòu chángcháng lái wánr ba.(これからしょっちゅう遊びに来てください)

①は自分の意志を表す表現ですが,②は一種の勧め表現です。しかし"偶尔"はこのような形ではいずれも用いられません。

③* 我以后一定偶尔来玩儿。

④* 以后偶尔来玩儿吧。

しかし,このような"偶尔"は依頼表現で一定の呼応形式(たとえば,動詞の重ね型)をとれば,自然な表現になります。

⑤ 以后偶尔来玩玩儿。Yǐhòu ǒu'ěr lái wánwanr.(これからたまには遊びにきて)

⑥ 以后偶尔来看看。Yǐhòu ǒu'ěr lái kànkan. (これからたまには見舞いにきて)

⑦ 以后偶尔来帮帮忙。Yǐhòu ǒu'ěr lái bāngbang máng. (これからたまには手伝いにきて)

これらの文はいずれも一種の依頼表現になります。相手に何かを依頼する場合は一般になるべく相手の負担を軽減させる方法を考える必要があるので、これらの重ね型はいわばそのための方策と考えられます。これと似たような副詞に"稍微"shāowēi (ちょっと) があります。

"稍微"が用いられるときは⑧のように動詞の後ろに"一下"をつける必要があり、⑨では不自然な表現になります。

⑧ 稍微等一下。Shāowēi děng yīxià. (ちょっと待ってください)

⑨* 稍微等。

"偶尔"と"稍微"はそれぞれすでに「たまに」,「ちょっと」の意味があるにもかかわらず、動詞の後ろにさらに重ね型表現や数量表現が必要なのです。つまり、副詞だけでは、文が完成せず、一定の文末形式（あるいは述語の形式）を伴ってはじめて文が成立するわけです。

副詞の中にこのような呼応形式を要求するものはほかにもあります。たとえば、経験を表す"曾经"céngjīng (かつて) は"过"guò (～たことがある)、完了を表す"已经"yǐjing (すでに) は"了"le、"从来"cónglái (従来から) は"不"bù (しない) とよく結びつきます。ある副詞がどんな特定の形式（もしくは述語の形）と結びつくかはその副詞のもつ意味と話し手の気持ち（中国語では"语气"yǔqì といいます）との関係によって決まります。

一方、日本語にも中国語の時間副詞に相当する一連の「頻度副

詞」があります。面白いことに日本語では頻度の低い「たまには」を用いて,「たまには遊びに来てください」といえますが, 頻度の高い副詞「いつも」,「よく」などは「＊いつも遊びに来てください」や「＊よく遊びに来てください」の表現では成立しにくいようです。

(楊　凱栄)

Q 27. "以来"

「二年前に開業したが，それからずっと価格が変わっていない」ということを,"自从～以来"zìcóng ~ yǐlái を使って中国語で表したいのですが, どうもうまくいきません。教えてください。

A

"以来"はまず時点 ("时点"shídiǎn) を表す語句に付きます。たとえば,

①1991年以来　yījiǔjiǔyī nián yǐlái（1991年以来）

②开业以来　kāiyè yǐlái（開業以来）

②のようにその語句がある出来事や動作でもよく,"以来"を伴ってそれの起こった"时点"から発話時に至るまでの時間 ("时段" shíduàn) を表します。"开业"が1991年のことであれば,

③1991年开业以来　yījiǔjiǔyī nián kāiyè yǐlái

となります。しかし同じ"时点"であっても,

④＊两年前以来

とはいえません。"两年前"liǎng nián qián という"时点"は発話時からさかのぼることによって得られますが, このことが"以来"とは相容れないためでしょうか,"＊两年前以来"は成立しません。

"以来"はまた, 上のように"时点"を表す語句の後に付くほかに, "时段"（時間の長さ）を表す語句の後に付いて,

　⑤两年以来（発話時に至るまでの二年間）

とすることができます。開業してから発話時までが二年間であれば,

　⑥开业两年以来，价格一直没有变化。Kāiyè liǎng nián yǐlái, jiàgé yìzhí méiyou biànhuà.

となり, これでご質問にある日本語の意味は訳出されていると思われます。それでも「二年前」という表現にこだわるならば,

　⑦两年前这个商店开了业，从那时以来价格一直没有变化。Liǎng nián qián zhèige shāngdiàn kāile yè, cóng nà shí yǐlái jiàgé yìzhí méiyou biànhuà.（二年前にこの店は開業し, その時以来ずっと価格が変わっていない）

のように節を分けることになります（?〔自从〕两年前开业以来）。

　ご質問の中の"自从"zìcóng は, 確かに"以来"の前によく付けられますが, "自从""自""从"が開始時点を表すことを考えれば, "时段"を表す語句の前には用いることができないのは当然といえましょう。

　⑧自从1991年开业以来

　⑨*自从开业两年以来

この点はまた, 常に"时段"の後に付く"来"が, 前に"自从"などを用いないことからも明らかです。もともとは"以来""来"どちらも"时点""时段"双方の後に付きましたが, 現在では"以来"は"时点"の後, "来"は"时段"の後と役割分担が進んでいます。従って先の例も,

　⑩两年来

　⑪开业两年来

のほうが一般的となります。これは日本語で「昨日来」「昨年来」などという点で異なるので注意が必要です。

　なお,「81年,《……》で直木賞受賞。以来,著作は百冊近い」のような単独の用法は中国語の"以来"にはありません。この点が"以后"yǐhòu(以後),"以前"yǐqián(以前)などとは別に,助詞に分類されるゆえんでしょう。

(喜多山幸子)

4

少しの違いに要注意

Q 28. "对"と"对了1"と"对了2"

中国語で「そうです」というときに, "对" duì と "对了" duì le の二つがあるようですが, 何か使い分けがあるのでしょうか。

A

"对"と"对了"はよく似ています。まず"对"ですが,次のように用いられます。

① 这样做对吗？ Zhèyàng zuò duì ma?
（こういうふうにやって正しいですか）
―― 对。Duì.（正しいですよ）

形容詞で「正しい」という意味です。また, 相手のいったことを「正しい」「その通りだ」と認める用法もあります。

② 是这个意思吗？ Shì zhège yìsi ma?（こういう意味ですか）
―― 对。Duì.（そうです）

"对"はまた「そう, そう, そう」のように重ねて使うこともできます。

③ 你是说, 那个脏了吧叽的、吊儿郎当的……？ Nǐ shì shuō, nèige zānglebājī de, diàorlángdāng de ……?（あなたがいっているのは, 例のあのきたならしくて, いいか

少しの違いに要注意　61

げんな……)
　　——对对对。Duì duì duì.（そう，そう，そう）

これに対して，"对了"duì leのほうは二つに分けることができそうです。一つは，何かを思い出したときに「あっ，そうだ」という用法です。"对了1"と呼びましょう。

④ 对了，他还给了我一本书。Duì le, tā hái gěile wǒ yì běn shū.（そうだ，彼はそのうえ僕に本を一冊くれたんだ）

⑤ 对了，我下午还得去医院呢。Duì le, wǒ xiàwǔ hái děi qù yīyuàn ne.（そうだ，僕は午後病院に行かなくちゃならないんだ）

こちらはうっかり忘れていたことを急に思い出しての発話です，相手に対する返答ではありません。

もう一つの"对了"は相手に対して「そう，その通り」と返事をするものです。

こちらを"对了2"と呼べば，"对了2"と"对"はよく似ています。ともに返答や相づちに使われます。

⑥ 对了，这就对了！ Duì le, zhè jiù duì le.（そう，それでこそ正解です）

⑦ 对了，你真聪明！ Duì le, nǐ zhēn cōngmíng.（そう，賢いね！）

では，"对了2"と"对"はどう違うのでしょうか。

一方には"了"があり，他方にはそれがありません。形容詞に"了"がつくことによって，ここでも定説通り「新たな事態，変化の発生」を表します。つまり，"对了2"は「さっきまでは正しくなかったが，今度はよくできました，あっていますよ」という含意があります。

たとえば⑥は「そうです，それでこそ正解，こんどはよくでき

たね」という意味です。但し,必ずしも「今回よくできた／前回は間違っていた」という場合でなくても使われます。⑦では子どもが問題に正しく答えたときに使えますが,その子が直前に誤った答えをいっているとは限りません。しかし,それでも「幼い頃はこんな問題はできなかったのに,今はできるようになった,えらいね」といった含みがあります。"对了2"がよく幼い子どもに向かっていわれる理由がここにあります。

　従って,"对了2"を同等の者や目上の人に用いるのは避けなければなりません。よく「ご説ごもっとも,おっしゃる通り」という相づちを打つつもりで"对了2!"とやる人がいますが,これは失礼に当たります。

(相原　茂)

Q 29. "肯定"と"一定"

　中国語の"肯定"kěndìng と"一定"yídìng はいずれも「かならず」「きっと」などと訳されますが,この二つには違いがあるのでしょうか。

A

　確かに"肯定"と"一定"は,場合によってはどちらも「かならず」「きっと」などと訳され,違いがないようにみえる場合もあります。たとえば,

　①a. 我明天肯定来。Wǒ míngtiān kěndìng lái.
　①b. 我明天一定来。Wǒ míngtiān yídìng lái.

のような場合,①a①bともに「私は明日はかならず来る」のように訳され,あまり違いがないように感じられます。

　一方,"肯定"と"一定"との間に,違いがみられる場合もあり

ます。

②a. 他肯定来。Tā kěndìng lái.

②b. ?他一定来。

③a. 他肯定不收。Tā kěndìng bù shōu.（彼はきっと受けとらないだろう）

③b. ?他一定不收。

②aは普通「彼はきっと来る」というふうに訳されると思いますが，この場合②bのように"一定"を使うとやや不自然になります。②bの場合も同様で，"一定"を使うとやや不自然です。

これらの場合に"一定"が使いにくいのは，これらの構文における"一定"は通常話し手の意志（が固いこと）を表すのに，主語が話し手でない"他"であるからだということのようです。構文そのものがふつうの動詞文ではない，"是"を含むような，

④a. 那肯定是猫。Nà kěndìng shì māo.（あれはきっとネコでしょう）

④b. 那一定是猫。Nà yídìng shì māo.

⑤a. 他肯定是忘了。Tā kěndìng shì wàng le.（彼はきっと忘れたでしょう）

⑤b. 他一定是忘了。Tā yídìng shì wàng le.

のような文の場合，"肯定"と同様，"一定"も使えます。

"一定"に対し，"肯定"のほうは，意志の固さを表すのではなく，「事実として間違いなくそうである」というような，確実性の高さを表しているというニュアンスがあります。

⑥a. 我肯定要去。Wǒ kěndìng yào qù.

⑥b. 我一定要去。Wǒ yídìng yào qù.

の2つを比べると，⑥bが「かならず行く（行きたい）」というような意志（希望）を表すのに対し，"肯定"の使われている⑥

aは「間違いなく行くことになっている」というようなニュアンスを持っています。

"肯定"と"一定"の違いとしては、これらのほかにも

⑦a. ？什么事肯定他说了算。
⑦b. 什么事一定他说了算。Shénme shì yídìng tā shuōlesuàn. (何事もいつも彼が決める。)

のような場合があります。この⑦bのような場合の"一定"は「決まって・いつも」というような意味を表していますが、この場合には、"肯定"を代わりに使うことはできません。　　（玄 宜青）

Q 30. "掌握""学好""学会"の違い

日中辞典の「マスターする」の中国語の訳に"掌握" zhǎngwò と"学好" xuéhǎo の二つが出ていますが、ほかに似たような意味のことばとして"学会" xuéhuì もあるそうです。「ピアノをマスターする」というときに"掌握弹钢琴"がいえなくて、"学会弹钢琴" xuéhuì tán gāngqín といわなければならないそうですが、なぜでしょうか。また"掌握""学好""学会"の違いについて、説明していただけないでしょうか。

A

まず"学会"についていいますと、ある種の技術、技能を、学習や練習などを通じて習得することを表し、多くの場合、行為そのものを体で覚えていく場合に用いられます。したがって、およそ中国語で"会"を使用可能なものは"学会"を用いることもできます。

① 她学会游泳了。Tā xuéhuì yóuyǒng le. （彼女は水泳をマスターした）

② 小孩儿学会走路了。Xiǎoháir xuéhuì zǒulù le. （子どもが歩けるようになった）

③ 你什么时候学会抽烟喝酒的？ Nǐ shénme shíhou xuéhuì chōu yān hē jiǔ de? （いつたばこと酒を覚えたのか）

それに対し、"掌握"は主として事物の道理，知識，仕組み，方法などを理解し，それに精通している場合に用いられます。したがって、"掌握"は，知識，方法，技術といった抽象的な名詞を目的語にとることができますが、"抽烟""走路""弹钢琴"など、行為そのものを目的語にとることはできません。

④ 我们一定要掌握科学文化知识。Wǒmen yídìng yào zhǎngwò kēxué wénhuà zhīshi. （我々は必ず科学知識を身につけなければならない）

⑤ 掌握为人民服务的本领。Zhǎngwò wèi rénmín fúwù de běnlǐng. （人民に奉仕するための技術を身につける）

⑥ *他掌握抽烟了。

⑦ *小孩掌握走路了。

⑧ *他掌握弹钢琴了。

一方、"学好"は具体的な行為と抽象的な知識の両方を目的語にとることが可能なので、"学好弹钢琴" xuéhǎo tán gāngqín も、"学好科学文化知识" xuéhǎo kēxué wénhuà zhīshi もいえます。ただし、"学好"というとき、行為の対象を単に習得しただけでなく、どのレベルまで到達しているかをも問題にすることができるので、"学得好不好？" Xuéde hǎo bu hǎo? のようにその習熟度を問うことができます。したがって、"抽烟""喝酒"といった習熟度が問題にならないような行為についてはふつう用いません。

⑨*他学好抽烟了。

　これら三つの語にはその語構成の面においてもいくつかの違いがみられます。"掌握"は一つの単語ですが，"学会"は"学"＋"会"と分析でき，間に"得"de や"不"bù を挿入し，"学得会"xuéde huì，"学不会"xué bú huì のように可能補語の形をとることができますが，"*学得会不会"のように様態補語の形をとることはできません。一方，"学好"は同じく"学"＋"好"と分析できますが，"学得好不好"のように，様態補語の形をとることが可能です。

（楊　凱栄）

Q 31. "合适"と"适当"

　"合适"héshì と"适当"shìdàng の使い分けについて，辞書を見ても，もう一つ分かりません。何かつかみやすいイメージはないのでしょうか。

A

　"合适"はあるものあるいは事柄について，一つの基準もしくは条件を示し，それに合うかどうかが問題になるときに用いられることばです。

①这件衣服你穿合适。Zhè jiàn yīfu nǐ chuān héshì.（この服はあなたに似合うよ）

②这种东西送人不合适。Zhè zhǒng dōngxi sòng rén bù héshì.（こんなものはプレゼントとしてはふさわしくない）

　これらの文における"你穿"（あなたが着る），"送人"（人にプレゼントする）は，それぞれ適切さの尺度として文のなかに明示されているわけです。つまり，"合适"は客観的な尺度にてらして，

適切かどうかをはかることが可能です。

"适当"が用いられるときは、このような尺度などに合わせる必要がありません。

　③老师每次留的作业都很适当。Lǎoshī měicì liú de zuòyè dōu hěn shìdàng. （先生はいつも適当な量の宿題を出す）

　④适当的运动对身体有好处。Shìdàng de yùndòng duì shēntǐ yǒu hǎochù. （適当な運動は体によい）

上の文では"适当"の表す適切さは、過多なものでもなければ、過少なものでもない、適切な量を意味します。言い換えれば、"适当"によって表される適切さは何らかの条件に合うかどうかによってはかるものではなく、程度、度合いがちょうどよいことを表します。したがって、連用修飾語として、ある行為が適切におこなわれることを表す場合にも用いられます。

　⑤请你适当地处理一下。Qǐng nǐ shìdàng de chǔlǐ yíxià.（適切に処理してください）

　⑥你要适当地注意休息。Nǐ yào shìdàng de zhùyì xiūxi.（適当に休むようにしてください）

"合适"にはこのような用法がありません。

一方、"合适"も尺度を表すものが文中に明示されなくても、表現としては成立します。

　⑦合适的机会 héshì de jīhuì（都合のいい時機）

　⑧适当的机会 shìdàng de jīhuì（しかるべき時機）

この二つの表現はいずれも可能であり、一見同じように見えますが、⑦ではある行為をおこなうのに「適切な時機」であるかどうかが意識されるのに対し、⑧にはそうした意識がありません。

なお、類義語として考える場合、もう一つ"适合"shìhéということばがあります。"适合"は意味的には"合适"に似ており、適

切か否かをはかる基準を文中に明示することができます。しかし,構文的には基準となるものを目的語としてとる動詞なのです。

⑨这件衣服适合你穿。Zhè jiàn yīfu shìhé nǐ chuān.（この服はあなたに似合うよ）

⑩这种东西不适合送人。Zhè zhǒng dōngxi bú shìhé sòng rén.（こんなものはプレゼントとしてはふさわしくない）

（楊　凱栄）

Q 32. "道"と"条"

量詞"道"dàoと"条"tiáoの違いを教えてください。辞書にはどちらも「細長いものを数える」とありますが,"道"と"条"では数える対象がまったく同じではないように感じます。また,同じものを"道"と"条"で数えた場合,どう違うのかもお教えください。

A

まず"条"は"道"よりも使用範囲が広いといえます。"条"を使って数えるものを以下のようにグループ分けしてみます。

a. 糸, 縄, タオル, シーツ, ズボン, スカート, …／銃, 棒, 腰かけ, …／根, 枝, 蔓, …／犬, 蛇, 魚, 毛虫, …／キュウリ, ヘチマ, …／船／舌, 喉, すね, しっぽ, …

b. 通り, 階段, 橋, 堤, …／川, 溝, 渓谷, …／連峰, 山脈, 坂, …／虹, 稲妻, 光線, …／ひび, 破れ目, …／眉, しわ, 傷あと, …／線…

このうち"道"でも数えるものはbの中のグループに限られます。即ち,

一条街 – jiē	一道街	（一本の通り）
一条河 – hé	一道河	（一本の川）
一条山岭 – shānlǐng	一道山岭	（一筋の山なみ）
一条虹 – hóng	一道虹	（一本のにじ）
一条缝子 – fèngzi	一道缝子	（一筋のひび）
一条眉毛 – méimao	一道眉毛	（一本のまゆ）
一条线 – xiàn	一道线	（一本の線）

などが成り立つわけですが，例を補いながら"道"で数えるものの共通点を捜してみましょう。

"街"や"河""沟"gōu（溝）や"工事"gōngshì（ざんごう）などはいずれも地表にできたか作られたもので，地表と離れて存在することはできません。同様に"缝子""皱纹"zhòuwén（しわ）などの壁や皮膚にできた亀裂も，これらの表面から取り出すことはできません。また"山岭""堤防"dīfáng（堤防）"眉毛"など盛り上がっているものも地表や皮膚があってはじめて存在できるものといえます。紙の上に引かれた"线"や頬の"泪痕"lèihén（涙のあと）なども同様です。これらはみな，それだけを取り出せず，自由に動かせないものです。このことは，空中にできる"虹""闪电"shǎndiàn（稲妻）や，物体が空中を弧を描いて飛ぶときにできる"弧线"húxiàn などにも当てはまります。以上から"道"で数えられた細長いものはみな，地表であれ，空中であれ，皮膚であれ，それと切り離されることなく，そこを通る「道」というイメージをそなえるといえましょう。

一方，"条"は，対象そのものが細長ければよく，動かせる，動かせないを問いません。従って，"一道白花边"yí dào bái huābiān からはレースがカーテンや服に縫いつけられていることがわかり，"一条白花边"ならば，縫いつけてあるなしには関係なくレースそ

のものに注目していることがわかります。

　辞書によっては"道"と"条"の違いは「量」即ち太さや濃さの違いであり, "两道浓密的剑眉" liǎng dào nóngmì de jiànméi（二本の濃くてりりしい眉）と"两条细细的柳眉" liǎng tiáo xìxì de liǔméi（二筋の細長い柳眉）の"道"と"条"は入れ替えできないとしています。ただ"一条河""一道河"はじめ多くにはこの「量」の違いは認めにくいようです。とりあえずは先に述べたような, 対象をみる角度の違いといっておきましょう。　　（喜多山幸子）

Q 33. 再び"道"について

　"道"dào と"条"tiáo についての説明を読み, 興味を持ったので辞書を引いてみました。すると"道"は細長いもののほかに"墙"qiáng や"门"mén,"命令"mìnglìng なども数えるとあり, 名詞ごとに一つ一つ量詞を覚えなければならないのだとしたら大変なことだと思いました。知らない単語に対して推測や応用のきくような量詞の覚え方ができたら良いのですが。よい方法があったらお教えください。

A

　ある一つの量詞で数える名詞群に共通する特徴がわかれば, 量詞を覚えるのもずいぶん楽になるでしょう。

　"道"で数える細長いモノ, たとえば"山脉"shānmài（山脈）, "河"hé,"闪电"shǎndiàn（稲妻）,"皱纹"zhòuwén（しわ）などは, 地面や空中, 皮膚等から「それだけを取り出すことができない」, 従って「動かすことができない」という共通点がありました（Q. 32 参照）。

自然界の山脈や川は上記の特徴から，時には私達の前に横たわって行く手をはばむ障害物となります。"墙"（塀）や"护城河"hùchénghé（お濠）はこの障害物としての山脈や川を人工的に作ったものといえます。はっきりした意図を持って作られる"墙"には，単に視覚的に細長いモノを数える"条"tiáoはもはや使わず，"堵"dǔ（本来はふさぐ，さえぎるの意）などが"道"とともに使われます。"道"で数えるモノはこの障害物という性格をそなえていることが見て取れます。

　一道屏风 yí dào píngfēng（一枚のびょうぶ）

　两道铁丝网 liǎng dào tiěsīwǎng（二重の鉄条網）

　这道封锁线 zhè dào fēngsuǒxiàn（この封鎖線）

　几道幕布 jǐ dào mùbù（何重かの幕）

次に"门"（出入り口）やそれに類する"关"guān（関所），"水闸"shuǐzhá（水門）は人やモノが「通過する」という点で"墙"の類と相反するようにも思えますが，これらは扉を閉めたり，人を配して通れなくしたり，通りにくくしたりするという点で，やはり障害物と見なすことができます。それで"门"のわきに設けられている"岗"gǎng（見張り所）や"关卡"guānqiǎ（検問所），さらに，

　　他已经通过三道扛着铳枪的门岗。Tā yǐjing tōngguò sān dào kángzhe chòngqiāng de méngǎng.（彼はすでに三重の［門に立っている］鉄砲をかついだ歩哨を通過した）

のように門に立っている"门岗"（歩哨）を"道"で数えている例も見られます。

上記以外の"道"で数えるモノは多くなく，

　一道命令 yí dào mìnglìng（一つの命令）

　两道公文 liǎng dào gōngwén（二通の公文書）

十道习题 shí dào xítí（練習問題十題）

攻克了两道医学难关 gōngkèle liǎng dào yīxué nánguān（二つの医学の難関を攻略した）

一道手续 yí dào shǒuxù（一つの手続き）

第一道菜 dì yī dào cài（コース料理の一番目の料理）

二十几道工序 èrshíjǐ dào gōngxù（二十いくつかの工程）

などですが、これらに共通するのは、遂行したり、処理したり、解いたり、乗り越えたりする対象であることです。料理のコースでは目の前に運ばれて来る料理をたいらげると次が出て来るし、作業の工程も一つを終えて次にかかるわけで、これらはいわば通りぬけなければならない「関門」と見ることができます。そこでそのものズバリ"障碍"zhàng'ài（障害／障害物）の量詞は何かと《現代名词量词搭配词典》(浙江教育出版社)で調べたところ、果たして"道"がのっていました。

(喜多山幸子)

Q 34. "对"と"副"

量詞の"对"duì と"副"fù の違いがわかりません。同じ"耳环"ěrhuán（イヤリング）や"镯子"zhuózi（腕輪）を"对"で数えたり"副"で数えたりしますが、どのように使い分けているのでしょうか。

A

"对"は、左右に並んでいる同じ形をした二つの物を一組として数えるときに使われます。たとえば、

一对花瓶 yí duì huāpíng（一ついの花瓶）

一对电池 yí duì diànchí（電池一組）

少しの違いに要注意　73

　　一对沙发 yí duì shāfā（ソファ一つい）

ですが、"对"はこのように個々に独立した二つの物がペアを組んでいる場合に用いられます。

　さて"副"で数えるもので一番に思い出されるのは

　　一副眼镜 yí fù yǎnjìng（メガネ一つ）

ですが、《现代汉语八百词》に「二つの同じ部分からなる一つの物に対しては"对"を使えない」とあるように、この"副"を"对"に置き換えることはできません。独立した二つの物に使われるのが"对"ですから、ペアをなしているように見えても二つがつながっていては"对"の条件に合わないのです。

　"副"で数えられる物の特徴は、この"眼镜"によく現れています。つまりペアの一方は全体を構成する部分であって、独立性に欠けるということです。次の物はすべて"副"で数えます。

　　手铐 shǒukào（手錠）

　　脚镣 jiǎoliào（足かせ）

　　担子 dànzi（てんびん棒の両端に下げた荷物）

　　耳机 ěrjī（イヤホーン）

　　担架 dānjià（タンカ）

　　对联 duìlián（対句の掛け物）

"一对花瓶"の片方を"一只花瓶" yì zhī huāpíng と数えるのに対し、これらはもうこれ以上分けて数えることはできません。

　部分は二つとは限りません。次のものはみな"副"で数えますが、いずれもいくつかの部分が組み合わさって一つの物を形作っています。

　　模子 múzi（鋳型）

　　扑克 pūkè（トランプのセット）

　　机器 jīqì（機械）

以上から、"副"は独立性に欠ける複数の部分が組み合わさってできている完全な物を数えるのに用いられるといえます。

さらに"副"は次のような組み合わせにも使われます。

　　碗筷 wǎnkuài（茶碗と箸）

　　锣鼓 luógǔ（ドラと太鼓）

　　香烛 xiāngzhú（線香とロウソク）

これらはそれぞれ食事をする，演奏をする，先祖を祭るなどの際に，どちらか一方が欠けてもその行為がおこなえないという意味において，不完全な部分の集合体と考えられます。

ここでご質問の"对""副"どちらも使う，

　　镯子 zhuózi（腕輪）　　　耳环 ěrhuán（イヤリング）

　　球拍 qiúpāi（ラケット）　　套袖 tàoxiù（そでカバー）

等ですが，これらを独立した二つの物が並んでいるととらえた場合には"对"が使われ，片方を全体の一部ととらえ，二つそろって初めて完全な物だとする場合には"副"が使われると考えられます。

"手套"shǒutào（手袋），"筷子"kuàizi（箸）を"副"で数え，"对"を使わないのは，対（つい）という面よりも二つで一つの物であるという面のほうが強く感じられるからでしょう。

なお，身体部位には"副"は使われません。　　　　　（喜多山幸子）

Q 35. "副"と"套"

"对"duì と"副"fù 二つの量詞の違いについての説明の中に，"副"は二つに限らず，いくつかの物が組み合わさって一つになったものを数えるときに使われるとありますが，

少しの違いに要注意 75

"套"tào も組になった物を数えるのに使われると思います。どう違うのでしょうか。また、読み物の中で、"一副笑脸"yí fù xiàoliǎn というのを見つけましたが、これはどう考えたらよいのでしょうか。お教えください。

A "对"は、「個々に独立した二つの物がペアを組んでいる」場合に、"副"は、「独立性に欠ける複数の部分が組み合わさってできている完全な物を数える」場合に使われました。これを図にすると、

  □ □   □┆□
  "一对"   "一副"

例："一对花瓶"yí duì huāpíng "一副眼镜"yí fù yǎnjìng
となりますが、"副"については、全体を構成する部分がたくさんの場合もあり、"套"との違いが判然としないというご質問だと思います。

やはりこの二つも構成物が「+独立」か「−独立」かという点に注目すると、違いが見えてくるようです。

 一副牌／棋 –pái／–qí　トランプ〔碁,将棋〕のセット

 一副架子／骨架 –jiàzi／–gǔjià（棒状のものが組み合わさってできている）棚

 一副鞍子 –ānzi　馬の鞍一そろい

のようにいくつもの「部品」からなる一つの物を数える場合には"副"が使われます。しかし、

 一套邮票 –yóupiào　切手1セット

 一套画片 –huàpiàn　絵はがき1セット

 一套家具 –jiājù　家具一式

 一套茶具 –chájù　茶器一式

一套房间 – fángjiān　一所帯分の数部屋

のようにそれ自体独立して用をなす物である構成物が集まってセットになったものを数える場合には"套"が使われています。それで"锣鼓"luógǔをドラと太鼓のセットとして数えるなら"套"を使い，"锣鼓"で一つの完全なもので，"锣"や"鼓"を「部品」扱いにするなら"副"を使うことになります。

ただし独立した物といっても"套"が使われていれば，その構成物には一貫性があります。家具であればデザインが統一されているとか，切手ならたとえばそれぞれが十二支の絵であることを表しているなどです。

次のご質問ですが，"副"は上記のほかに

一个／张　脸 –liǎn　（一つの顔）

一个／张／副　笑脸 –xiàoliǎn　（一つの笑顔）

一副笑容 –xiàoróng　（一つの笑った表情）

のように，顔そのものではなく，顔や体に現れるある様子を指して使われ，それは表情であったり，態度，声の様子，気性であったりします。

一副冷面孔 yí fù lěng miànkǒng（冷たい顔つき）

一副庄严的神态 yí fù zhuāngyán de shéntài（厳粛な態度）

一副好嗓子 yí fù hǎo sǎngzi（よい声）

これらの多くは視覚的であることから，"幅"で数えてしまうことがよくあります。"幅"は"一幅画"yì fú huà（一枚の絵），"一幅照片"yì fú zhàopiàn（一枚の写真）などの作品を数え，さらにその拡大用法として"情景"qíngjǐng（情景，光景）などには使われますが，"*一幅庄严的脸孔"は誤用となります。（喜多山幸子）

少しの違いに要注意　77

Q 36. "要"と"得"

• •

中国語で「～する必要がある」「～しなければならない」というときには"要"yào,"得"děiなどを用い,それを否定するときには"不用"búyòng で否定すると習いました。それぞれの使い方の注意点を教えてください。

A

• •

中国語で「～する必要がある」「～しなければならない」という時には,ふつう,たとえば次のようになります。

①a. 你要事先打招呼。Nǐ yào shìxiān dǎ zhāohu.（前もって断らなければならない）

①b. 你得事先打招呼。Nǐ děi shìxiān dǎ zhāohu.（同上）

また,それを否定するときは"不用"を使って,

①c. 你不用事先打招呼。Nǐ búyòng shìxiān dǎ zhāohu.（前もって断らなくてもよい）

のようにします。

一方,「あなた以外ではだめ」「必ず彼でなければならない」という意味を表す場合には,

②a. 这件事得你来做。(别人不行) Zhè jiàn shì děi nǐ lái zuò. (Biérén bùxíng)（このことはあなたがやらなければならない）

②b. 得他点头。(别人不行) Děi tā diǎntóu. (Biérén bùxíng)（彼が同意しなければならない）

のように"得"を使い,

②a.'*这件事要你来做。

②b.'*要他点头。

のように"要"は使いにくくなります。この②a,②b,は"非"

fēiを用いて,

③a. 这件事非得你来做。 Zhè jiàn shì fēi děi nǐ lái zuò.

③b. 非得他点头。 Fēi děi tā diǎntóu.

のような形で使われることも多くみられます。またこれを否定して,「あなたではなくてもよい」等を表すときは,

④a. 这件事不用你来做。 Zhè jiàn shì búyòng nǐ lái zuò.

④b. 不用他点头。 Búyòng tā diǎntóu.

よりは,

⑤a. 这件事不非得你来做。(別人也可以) Zhè jiàn shì bù fēi děi nǐ lái zuò. (Biéren yě kěyǐ)

⑤b. 不非得他点头。(別人也可以) Bù fēi děi tā diǎntóu. (Biéren yě kěyǐ)

のほうが自然な感じがします。

このほか,"要"と"得"の違いとしては,"要"が不特定の人への一般的な指示を表している場合,"得"には置き換えにくい,ということがあげられます。たとえば会議で不特定多数の人に向かって「ごみはごみ箱に捨ててください」というときの言い方としては,

⑥a. 垃圾要扔到垃圾箱里。 Lājī yào rēngdào lājīxiāng li.

のほうが,

⑥b. 垃圾得扔到垃圾箱里。 Lājī děi rēngdào lājīxiāng lǐ.

より適切だと思います。特定の人への発言として,「ごみはごみ箱に捨てないといけませんよ」というような場合は,⑥bも使用できます。

ちなみに,⑥aに続けて「むやみにまき散らしてはいけません」という場合,

⑦ 不要随地乱扔。 Bú yào suídì luàn rēng.

⑧不能随地乱扔。Bù néng suídì luàn rēng.
が考えられますが，当然ながら，"不用"は使用しません。

(玄 宜青)

Q 37. "吃饱了" と "吃够了"

中国の友人に招かれた食事の席で，おかわりを勧められたとき，"我已经吃饱了。" Wǒ yǐjing chībǎo le.（もうお腹がいっぱいになりました）というべきところを，"我已经吃够了。" Wǒ yǐjing chīgòu leといってしまいました。向こうは一瞬変な顔をしました。私は「もう十分いただきました」のつもりでいったのですが，どうして"吃够了"ではいけないのでしょうか。また，"吃饱了"と"吃够了"とはどう違うのか教えてください。

A
お腹がいっぱいになったとき，"我已经吃饱了。"（もうお腹がいっぱいになりました）とはいいますが，"我已经吃够了。"はあまり自然な表現ではありません。"吃饱了"はこれ以上食べられないという満腹の状態のことを意味しますが，"吃够了"は満腹の状態をさすのではなく，「食べあきた」という意味を表すため，お尋ねのような，何かを勧められたときに使うのは適切ではありません。

そもそも"够"は動詞として単独で用いられるときは必要な数量，標準，程度に達した意味であり，日本語の「足りる」「十分だ」といった意味のことばに相当します。したがって，ご質問のような「もう十分です」といいたいときには"够了"を使えばよいわ

けです。

 A：再吃点儿吧。Zài chī diǎnr ba.（もうちょっと召し上がってください）

 B：够了，谢谢。Gòu le, xièxie.（もう十分です，ありがとうございます）

ところが，"够"は「動詞＋"够"」のような結果補語の形で"吃够了"というと，「食べあきた」という意味になってしまうので，適切さを欠く表現になるわけです。"够"は結果補語として，"吃"のほかにいろいろな動詞と結びつき，もう二度としたくないという意味を表す場合に用いられます。

 ①这种节目我已经看够了,还有其他节目吗？ Zhè zhǒng jiémù wǒ yǐjing kàngòu le, hái yǒu qítā jiémù ma?（この種の番組はもう見あきた。ほかの番組はないの？）

 ②他的话我听够了。Tā de huà wǒ tīnggòu le.（彼のことばはもう聞きあきた）

さらに，

 ③穿够了。Chuāngòu le.（着あきた）

 ④住够了。Zhùgòu le.（住みあきた）

 ⑤学够了。Xuégòu le.（勉強はもういやだ）

など，いずれも「もう〜するのはこりごりだ」というときに用いられます。

一方，"饱" bǎo が「動詞＋"饱"」の形で用いられるのは"吃"（食べる），"喝" hē（飲む）といった飲食を表す動詞ぐらいで，他の動詞と結びつくことはあまりありません。

なお，"吃够"についてさらに一言付け加えると，このいい方はよく"吃够苦头" chīgòu kǔtou（さんざんひどい目にあう）のような意味でも使われます。

⑥他在文革时吃够了苦头。Tā zài Wéngé shí chīgòu le kǔtou
（彼は文化大革命のころひどい目にあっている）

(楊　凱栄)

Q 38. "V在～"と"在～V"のちがいは？

動詞と"在"zàiとの位置関係がよくわかりません。動詞によっては，"住在～"zhùzaiと"在～住"のようにどちらでも使えそうなものもありますが。

A

なかなか複雑な問題ですが，結論から先にいいますと，
a. "在～V"でしか使えないもの
b. "V在～"でしか使えないもの
c. "在～V""V在～"両方で使えるもの

の三つのタイプに分かれます。"在～V"というのは，ある場所においてなにかをするというときで，

① 你在哪儿工作？ Nǐ zài nǎr gōngzuò?（どこで働いていますか）
② 在河里游泳 zài héli yóuyǒng（川で泳ぐ）
③ 这是在哪儿买的？ Zhèi shì zài nǎr mǎi de?（これはどこで買ったのですか）

など，ある場所でなにかをするという場合は，"在～V"となって，"V在"とはなりません。一方，"V在"としかならないのは，動作の結果ある場所に到達する，という場合です。

④ 钥匙掉在井里了。Yàoshi diàozai jǐng li le.（カギが井戸の中に落ちた）

⑤ 球砸在我的背上。Qiú zázai wǒ de bèi shang.（ボールが背中にあたった）

⑥ 跳在河里 tiàozai hé li（河にとびこむ）

"在～V" "V 在～" ともに可能なもののひとつとしては，ある一定状態を維持するような動詞グループがあります。

⑦ 在沙发上坐着 zài shāfā shang zuòzhe ⟶ 坐在沙发上
（ソファーに座っている）

⑧ 在床上躺着 zài chuáng shang tǎngzhe ⟶ 躺在床上
（ベッドに横になっている）

⑨ 在舞台上站着 zài wǔtái shang zhànzhe ⟶ 站在舞台上
（舞台に立っている）

⑩ 在北京住 zài Běijīng zhù ⟶ 住在北京
（北京に住んでいる）

左の列が"住"をのぞき，持続の"着"がついていることにご注意ください。右の列の"V 在～"はすべて「どこそこに～している」という状態を表すのが基本ですが，文脈や語気によっては，「～する」という変化の意味，いいかえればbグループのように到達を表すこともできます。

⑪ 他走进来，一下子坐在椅子上，再也站不起来了。Tā zǒujinlai, yíxiàzi zuòzai yǐzi shang, zài yě zhànbuqǐlái le.（かれは中に入り，どっかと椅子に腰かけると，もう立ち上がることができなかった）

⑫ 你坐（在）这儿吧。Nǐ zuò (zai) zhèr ba.（ここにすわったら）

"V 在"，"在～V" ともに可能なものにはほかに，動作の結果モノをなにかに付着させるような動詞グループがあります。

⑬ 在黑板上写字。Zài hēibǎn shang xiě zì.（黒板に字を書く）

少しの違いに要注意　83

　　── 写在黑板上
⑭ 在哪儿放行李？Zài nǎr fàng xíngli?（どこに荷物を置く）
　　── 放在哪儿？
⑮ 在银行里存钱。Zài yínháng li cún qián.（銀行にお金を預ける）
　　── 存在银行里
⑯ 在哪儿停车？Zài nǎr tíng chē?（どこに車を止める）
　　── 停在哪儿？

このグループでは，"V在"のときは，さきの"坐"等のように，状態と変化をともに表せるものと，変化（到達）しか表せないものとがあります。上の例では，"放在哪儿？"は「どこに置く」であって「置いてある」にはなりません。「置いてある」というときには，

⑰ 放在哪儿了？

と"了"をつける必要があります。

なかには，意味的にはaであるはずのものが両方に使える場合があります。

⑱ 你是在哪儿（出）生的？Nǐ shì zài nǎr (chū) shēng de?（あなたはどこで生まれたのですか）
　　── 你生在哪儿？

つぎのような例は，一種の修辞的効果をねらったものと理解すべきです。

⑲ 生活在一起，学习在一起 shēnghuózai yìqǐ, xuéxízai yìqǐ（ともに暮らし，ともに学ぶ）

（荒川清秀）

Q 39. "给他写信"と"写信给他"

"我给他写信。" Wǒ gěi tā xiě xìn のような語順でこの種類の表現を習いましたが,小説等を読んでいると"我写信给他。" Wǒ xiě xìn gěi tā のような語順のものもよくみられます。これをどう考えたらよいでしょうか。

A
確かに教科書等,学校の文法では,

①a. 我给他写信。(私は彼に手紙を書く)

の語順で教えていると思います。しかし,「規範的」であるかどうかは自信はありませんが,おっしゃるように日常生活では,

①b. 我写信给他。

のような表現も普通に許容されているようです(ご質問にあった文の出典が明記されていませんので,一概にはいえませんが,注意しなければならないのは,文章の種類によっても異なるし,小説でも,地の文と会話ではいろいろ異なるはずです)。

ただし「許容」されているといっても,いろいろなレベルがあるようで,たとえば,

②a. 他在黑板上写了"中国"两个字。Tā zài hēibǎn shang xiěle "Zhōngguó" liǎng ge zì. (彼は黒板に「中国」という2文字を書いた。)

は,

②b. 他写了"中国"两个字在黑板上。Tā xiěle "Zhōngguó" liǎng ge zì zài hēibǎn shang.

のように言い換えることはできますが,②bの自然さに関しては,人によって異なります。あまり自然ではないと感じる人もいるようです。

また、語順が変わることによって、文の意味が変わるものもあります。たとえば、

　　③a. 我送他到车站。Wǒ sòng tā dào chēzhàn.

は、

　　③b. 我到车站送他。Wǒ dào chēzhàn sòng tā.

のように言い換えることができますが、③aは、

　　③a. 私は彼を駅まで送る。

という意味になるのに対して、③bは、

　　③b. 私は駅に行って彼を送る（彼と駅まで一緒でなくてもよい）。

という意味の文になります。

さらに次のように語順を変えられないものもあります。たとえば、

　　④a. 他往钱包里放钱。 Tā wǎng qiánbāo li fàng qián.（彼は財布にお金を入れた）

　　④b. *他放钱往钱包里。

上の④aは④bに言い換えることができません。

以上みてきたように、語順が変わっても、自然であり、意味も変わらないものから、語順が変わると意味が変わるもの、自然さに欠け、非文になってしまうものまでさまざまです。

これらの文を文型上どう解釈したらよいのかについては不明な点が多いようです。一般的には"给"が動詞句の前に現れる、

　　①a. 我给他写信。

のような"给～"は介詞フレーズであり、動詞句の後に現れる、

　　①b. 我写信给他。

のような構文は連動式といわれます。しかし②bのような文は"在黑板上"の主語が"他"であるとはいえないので、簡単に連動

式とはいいにくいところがあります。 （玄 宜青）

Q 40. "时间到了。"と"时间来了。"

日本語の「時間になった」という表現に対し，中国語では"时间到了。"Shíjiān dào le というそうですが，では「時間が来た」というとき，"时间来了。"Shíjiān lái le はいえないのでしょうか。

A

まず"来"と"到"の意味上の違いについて考えてみましょう。"来"と"到"はいずれも移動を表す動詞ですが，"来"は主として話し手の方向への移動，"到"は予定の目的地もしくは地点（話し手の居場所かどうかは不問）への到達の場合に用いられます。仮にこの二つの表現をそれぞれ"X 来了"と"X 到了"で表すと，X が人間の場合，日本語と同様，意味の違いがあるものの，どちらの表現も可能です。

① 他来了。Tā lái le.（彼が来た）
② 他到了。Tā dào le.（彼が着いた）

①は話し手の方向への移動に着目した表現であり，②は目的地への到着に着目した表現です。訳文を見ても分かるように，日本語では多くの場合それぞれ「X が来た」と「X が着いた」もしくは「X が到着した」の形で対応することができます。

問題はご質問の表現で，X が時間詞の場合です。この"时间" shíjiān はいわば時間軸の中のある時点（例えば，3時とか4時など）をさし，到達点を表すものです。すなわち，ある予定の時点（到達点）に達したということです。ある時点への到達の中国語表

現は"时间到了。"であって、"*时间来了。"ではありません。日常生活の中の多くの時間に関する表現（〜時，〜日，〜曜日，〜月，〜年，誕生日，〔各種の〕祝日など）は人間が通過していく一つの時点にすぎず、いわゆる到達点としてとらえられるものなのです。"X到了"が用いられるのはそのためなのでしょう。

しかし、日本語で「時間になった」と「時間が来た」の両方がいえるのは、時間を到達点としてとらえる考える方だけでなく、時間が移動する主体として我々人間に向かってくるというとらえ方も可能だからということではないでしょうか。ただし、そうした二つの異なる視点によるとらえ方はすべての時間詞について適用できるかというと、そうではありません。実際に「3時」のような、明らかに到達点しか表さない時間詞の場合、③は成立しますが、④はやはり不自然でしょう。

③ 3時になった。
④ *3時が来た。

一方、中国語においても我々に向かってくるというとらえ方が可能な時間詞もあります。たとえば"春天"のような季節を表すことばは次のように二通りの表現ができます。

⑤ 春天到了。Chūntiān dào le.（春になった）
⑥ 春天来了。Chūntiān lái le.（春が来た）

どんな時間詞が"X来了"を用いて表せるかは話し手のとらえ方だけでなく、その時間詞の本来の性質とも関係します。ただし、何人かの中国人に確かめたところでは、"春天"、"秋天"といった季節のことば以外は、"X来了"の形に抵抗を感じる人が多いようです。

（楊　凱栄）

5 語彙を究める

Q 41.「まあまあ」の"还"

程度が軽いことを表す"还"hái（まあまあ；わりと）の使い方ですが，

还行　hái xíng（まあよい）

还好　hái hǎo（まあよい）

というのに，どうして「まあまあおいしい」や「わりときれいだ」を次のようにいえないのですか。

＊还好吃　hái hǎochī

＊还漂亮　hái piàoliang

A

「まあまあおいしい」や「わりときれいだ」はふつうは，

还算好吃　háisuàn hǎochī

还算漂亮　háisuàn piàoliang

と"还算"のほうを使います。"还算"の後にくるものは

还算干净 —gānjìng（まあまあ清潔だ）

还算聪明 —cōngmíng（まずまず賢い）

还算安静 —ānjìng（まあまあ静かだ）

など，いずれも２音節形容詞です。すると，１音節の"还"の後には１音節，２音節の"还算"の後には２音節というルールなの

ではないか，と思いがちですが，"还"の後には次のように2音節のものもOKです。

　　还可以　hái kěyǐ（まあよい）

　　还不错　hái búcuò（まあよい）

同じ2音節でも，お尋ねのように"好吃""漂亮"はダメですが，こちらは大丈夫。どうやら単純な音節数による制限ではなさそうです。

　上の例からも分かるように，"还"も"还算"もどちらも後に［＋評価］の語を従えるという点では共通しています。ところが"还"の後には「よい」とか「わるい」という，いわば「評価の中核」をなす語しかこれないようなのです。するときわめて限られた語のみになります。

　　还行　hái xíng

　　还好　hái hǎo

　　还成　hái chéng

　　还可以　hái kěyǐ

　　还不错　hái búcuò

意味もすべて「まあまあよい，まあ許せる」と似た感じです。もちろん評価中核語であっても"差"chàや"不行"bùxíngのような［－評価］のものはダメです。

　他方"还算"のほうは［＋評価］の語でありさえすればよく，評価中核語である必要はありません。

　　还算方便　—fāngbiàn（まあ，便利だ）

　　还算安静　—ānjìng（まあまあ静かだ）

　　还算健康　—jiànkāng（まあまあ健康だ）

次が不可なのは1音節だからではなく，これらは評価に関して中立的だからです。

＊还算高
　＊还算大
　＊还算多

その証拠に"好"は1音節ですが［＋評価］ですから可能です。

　还算好

"还算"の用法は「あとに［＋評価］の語が続く」としておけば事足りますが，"还"のほうはさらに「評価中核語」であることという条件が加わるわけで，そのため"还"に後続するのは極めて限られた語のみということです。

(相原　茂)

Q 42. "好看"には見ヤスイという意味はない？

"好看"hǎokàn や"好听"hǎotīng は姿や音がキレイダ，"好吃"hǎochī はオイシイという意味だということは知っていますが，"好"＋動詞は「～しやすい」という意味でも使われます。だとすると，"好看"以下が「～しやすい」になることはないのでしょうか。

A

"好"＋動詞の結びつきをみますと，"好找"hǎo zhǎo のように「～しやすい」という意味でしか使われていないものと，"好看"や"好吃"のように，ほとんど転義でしか使われていないものがあります。たとえば，

＜A＞

① 好办 hǎo bàn （やりやすい）

② 你家好找吗？Nǐ jiā hǎo zhǎo ma?（あなたの家は見つけやすいですか）

③这条路不好走。Zhèi tiáo lù bù hǎo zǒu.（この道は歩きにくい）

④德语好学吗？ Déyǔ hǎo xué ma?（ドイツ語は勉強しやすいですか）

⑤好懂 hǎo dǒng（わかりやすい）

⑥这种电脑好买吗？ Zhèi zhǒng diànnǎo hǎo mǎi ma?（この種のコンピュータは買いやすいですか——手に入りやすいか）

⑦这个字笔画少好写。Zhèige zì bǐhuà shǎo hǎo xiě.（この字は筆画が少ないので書きやすい）

は「～しやすい」ということですが，

＜B＞

⑧好看 hǎokàn（姿がきれいだ；目にここちよい）

⑨好听 hǎotīng（音がきれいだ；耳にここちよい）

⑩好吃 hǎochī（食べ物がおいしい）

⑪好喝 hǎohē（飲み物がおいしい）

⑫好闻 hǎowén（いいにおいがする）

⑬好玩儿 hǎowánr（面白い；可愛らしい）

⑭好说 hǎoshuō（わかった；おやすいご用だ）

は，転義で使われるのがふつうです。＜B＞の〈"好"＋～〉の語は，主に五感の感覚を形容するもので，この分野の形容詞の不足を補っているといえましょう。"好看"などは，さらに，

⑮昨天的电视剧很好看。Zuótiān de diànshìjù hěn hǎokàn.（昨日のテレビドラマはとても面白かった）

⑯这本小说很好看。Zhèi běn xiǎoshuō hěn hǎokàn.（この小説はとても面白い）

のように，内容についていうこともあります。そして，中には，

⑰这枝钢笔很好使。Zhèi zhī gāngbǐ hěn hǎo shǐ.（このペンは書きやすい）

⑱他脑子〔眼睛／耳朵〕好使。Tā nǎozi〔yǎnjing／ěrduo〕hǎoshǐ.（かれは頭〔目／耳〕がいい）

のように，両方の意味で使われるものもあります。

問題はBグループに「〜しやすい」の意味で使われるものがあるかどうかですが，

⑲字写得太密了，不好看。Zì xiěde tài mì le, bù hǎo kàn.（字がぎっしり書いてあって見づらい）

⑳这药用杯子就好喝了。Zhèi yào yòng bēizi jiù hǎo hē le.（この薬はコップを使うと飲みやすくなる）

のように，本来の意味で使われるものもありますが，かなり文脈の助けが必要なようで，転義以外の意味で使われるのはあまりふつうでないと思っていいでしょう。

ちなみに，「このペンは書きにくい」は，

⑰这枝钢笔不好使〔不好用〕。Zhèi zhī gāngbǐ bù hǎo shǐ〔bù hǎoyòng〕.

といいます。ただ，"不好写"は上でもみたように字についていうのがふつうですが，"不好使"と同じように使う人もいるようです。

(荒川清秀)

Q 43. "〜点儿"の使い方

"快（一）点儿" kuài (yì) diǎnr の使い方について，教科書などでは"快点儿走。" Kuài diǎnr zǒu.（ちょっと速く歩いてください）のような形がよく出てきますが，"走快点

儿。"Zǒu kuài diǎnr の形も使えると聞きました。二つに違いはあるのでしょうか。

A "快点儿"のような形は動詞を修飾するので副詞句と呼ばれます。動詞より前か後かなど，副詞句の語順の問題はたいへん難しく，極端にいえばひとつひとつ覚えていくしかないのですが，大まかな傾向はあります。

まず，"快点儿走"と"走快点儿"を比べると，どちらも自然な中国語ですが，意味の幅に違いがあります。"快点儿走"には「少し速く歩く（行く）」のほかに，「今すぐ行く」の意味もありますが，"走快点儿"のほうは「速く歩く」の意味しかありません。

また，"快点儿"から"点儿"をとった，ただの"快"の場合，"快走"に比べ"走快"は不自然で，教科書等が副詞句が前に出ている形を多く採用しているのにも理由があるということになります。

副詞句にもいろいろな種類がありますが，"快(点儿)""慢(点儿)" màn (diǎnr)（ゆっくり）のような動作様態（manner）を表すものは，上述のように，動詞の前も後もあり得ますが，前のほうが好まれるという傾向があるようです。上の"快"のほか，"慢"のほうも，たとえば"慢点儿走""走慢点儿"いずれも許容しますが，"慢"だけの場合"慢走"に対し"走慢"は不自然になります。

一方，"快(点儿)""慢(点儿)"のような動作様態を表すものではなく，以下の"碎(点儿)" suì (diǎnr)，"软(点儿)" ruǎn (diǎnr) のような，動作や変化の結果状態を表す「副詞句」は，結果補語と呼ばれ，

　　切碎 qiēsuì（細かく切る）　　　　　＊碎切

煮软 zhǔruǎn（やわらかく煮る）　　　　＊软煮

のように，動詞の後にしか現れません。

　ただし，語によっては，動作様態を表しているのか，結果状態を表すのかはっきりしない場合があります。たとえば，

　　濃く化粧する

の「濃く」は，「化粧する」という動作の様態（やり方）なのか，「化粧する」という動作の結果なのかはっきりしません。このような場合中国語でも，

　　重一点儿化　zhòng yìdiǎnr huà

　　化重一点儿　huàzhòng yìdiǎnr

のどちらがよいのか，微妙です。私の直感では，"重一点儿化"のほうにやや不自然さを感じますが，ネイティブの中でも人によって感じ方が異なるかもしれません。

　これらのほか，"多（点儿）" duō (diǎnr) のような，数量を表す副詞句は，また別の語順をとります。たとえば"穿" chuān と"多点儿" duōdiǎnr との組合せでは，"多点儿穿"は許されず，"穿多点儿"が許されるほか，"多穿点儿"のような，"多"と"点儿"が動詞の前後に分かれて現れる形もあります。

（玄　宜青）

Q 44. "想"について

　"想" xiǎng は「思う」と訳されることが多いようです。たとえば「彼が金をぬすんだのだと私は思う」は"我想是他偷的钱。" Wǒ xiǎng shì tā tōu de qián のように。しかし，「彼女は美人だと私は思う」は"＊我想她长得漂亮。"のように「私は思う」を"我想"と訳すことができないそうですが，どう

してでしょうか。

A
"想"にはいろいろな意味がありますが,ここでは日本語の「思う」との対応から"想"を考えていきたいと思います。まず,

① 在回家的路上,我生气地想:这辈子我再也不理他了。 Zài huí jiā de lù shang, wǒ shēngqì de xiǎng : Zhè bèizi wǒ zài yě bù lǐ tā le.（帰りの道で私は腹をたてて思った。金輪際あいつとは口をきくもんか）

のように過去においての思考活動を表すときには"想"と「思った」は対応しています。ここで問題にしたいのは,このような"想"ではなく,話し手の「今」の判断を示す"想"です。次の用例をみてみましょう。

② 我想坐三个人没问题。 Wǒ xiǎng zuò sān ge rén méi wèntí.（三人乗って問題ないと思う）

この②は話し手の現在の判断を示しています。しかもその判断は,話し手にとってすでに分かりきっているようなことではなく,事実などから推量して得た判断です。ご質問にありました,

③ 彼女は美人だと私は思う。

や,

④ 彼の歌はなかなかなものだと思う。

のように話し手の判断ではありますが,推量ではなく,評価につながるような場合は"想"を使用できないようです。このようなときは,

③' 我觉得她长得很漂亮。　Wǒ juéde tā zhǎngde hěn piàoliang.
④' 我认为他唱歌唱得不错。　Wǒ rènwéi tā chàng gē chàngde búcuò.

のように、"觉得""认为"などを使用します。これはおそらく、評価という行為は話し手がその内容を自分の分かりきっていることとして述べているので、それについて自分でさらに推量することが難しいからです。

さらに記憶をもとに過去のことについて判断する場合はどうでしょうか。

⑤ *我想上星期三没下雨。

のように「先週の水曜日には雨は降っていなかったと思う」という場合には"想"では表すことができません。この場合は、

⑤' 记得上星期三没下雨。　　Jìde shàng xīngqīsān méi xià yǔ.

のように"记得"を用いるほうが妥当でしょう。また、典型的な推量ではありませんが、

⑥ 他现在生活得很好。　　Tā xiànzài shēnghuóde hěn hǎo.（彼は今平穏に暮らしている）

に比べ、

⑥' 我想他现在生活得很好。　　Wǒ xiǎng tā xiànzài shēnghuóde hěn hǎo.

のように同じく話し手の判断を表していても"想"を使用したほうが多少婉曲な表現になります。

ここまでの話をまとめると、以下のようになるかと思います。"想"は判断を示すものですが、その判断は推量につながるようなものであり、評価のように推量につながらない場合は使用できません。また、記憶にもとづく判断にも使用できません。結局"想"は日本語の「思う（思った）」と「だろう」とに対応する場合があり、いつも「思う」におきかえられるわけではないということになります。

（玄　宜青）

Q 45. "东西" と "事"

中国語の作文に "在大学要学很多事。" Zài dàxué yào xué hěn duō shì.（大学ではいろんなことを学ぶ）と書いたら，"事"の部分を"东西"dōngxi に直されました。どうして"事"ではいけないのでしょうか。"东西"と"事"の違いについて教えてください。

A
中国語の"事"は事柄，用事などの意味を表すことができます。

① 那件事解决了吗？ Nà jiàn shì jiějué le ma?（あのことは解決したか）
② 晚上有事不能来。Wǎnshang yǒu shì bù néng lái.
（夜用事があるので，来られない）

そしてほかにも，仕事，事故，責任などの意味がありますが，どれをとっても，"学"xué の対象となりうるものはありません。

一方，"东西"には，

③ 这个东西我没见过。Zhèige dōngxi wǒ méi jiànguo.
（こんなものは見たことがない）
④ 人家的东西不能拿。Rénjiā de dōngxi bù néng ná.
（他人のものをとってはいけない）

のように，具体的な事物をさす用法があるのみならず，知識，道理，技術といった抽象的なものを表す用法もあります。"学"の対象となるのはまさにこういった抽象的なものですから，"事"ではなく，"东西"をその目的語にとることになるわけです。

同じことは"学"だけでなく，その反対語の"教"jiāo についてもいえます。中国語の"教"には「教授する」という意味があ

りますが,「知らせる」という意味はありません。したがって日本語の「彼はいろいろなことを教えてくれた」という表現に対し,中国語では「知識などを教授する」という意味では,⑤aのように"东西"を目的語にとらなければなりませんが,「事柄などを知らせる」という意味では,bのように"告诉"gàosu という動詞を用い,"事"を目的語にとるのがふつうです。

⑤ a. 他教我很多东西。Tā jiāo wǒ hěn duō dōngxi.
   b. 他告诉我很多事。Tā gàosu wǒ hěn duō shì.

次の二例は《毛泽东语录》からとったものですが,いずれも"东西"が用いられています。

⑥ 我们能够学会我们原来不懂的东西。Wǒmen nénggòu xuéhuì wǒmen yuánlái bù dǒng de dōngxi. (われわれは以前知らなかったことでも身につけることができる)(注)

⑦ 不懂得和不了解的东西要问下级, …… Bù dǒngde hé bù liǎojiě de dōngxi yào wèn xiàjí, …… (分からないことや知らないことは下級のものにきかなけらばならない)

上述のように,"学"と"教"は"东西"を目的語にとらなければなりませんが,⑦の"了解"という動詞に関していえば,必ずしも"东西"を目的語にとるとは限らず,"事"を用いることも可能です。ただし,"不了解的事" bù liǎojiě de shì というと,意味的には「ことのいきさつについて(詳しく)知らない」ということになります。

このように,動詞についていえば,目的語として,"东西"をとるグループ,"事"をとるグループ,さらに"东西"と"事"のいずれをもとるが,意味の違いが生じるグループの三つがあることが分かります。どれを目的語にとるかは動詞のもつ意味と深くかかわっています。

〔注〕⑥と⑦の日本語訳は毛沢東選集刊行会（三一書房）によるものです。

(楊　凱栄)

Q 46.〈方式〉を表す"怎么"の例外現象

"怎么" zěnme が〈方式〉を表すときには，必ず直後に動詞が続くというルールを習いましたが，次の文はそれに反していると思います。

⓪怎么才能学好汉语？ Zěnme cái néng xuéhǎo Hànyǔ?

これは「どうやったら中国語がマスターできるか」の意味で，〈方式〉の"怎么"だと思いますが，どうでしょう。

A
おたずねのように，"怎么"が〈方式〉を表すときは必ず直後に動詞が続きます。

①怎么走？ Zěnme zǒu?（どう行くか）〈動詞単独〉

②怎么走回去？ Zěnme zǒuhuiqu?（どう戻るか）〈動詞＋方向補語〉

③怎么染红？ Zěnme rǎnhóng?（どうやって紅く染めるか）〈動詞＋結果補語〉

④怎么说得清楚？ Zěnme shuōdeqīngchu?（どうやってはっきりいうことができるか）〈動詞＋可能補語〉

⑤怎么来的？ Zěnme lái de?（どうやって来たのか）〈動詞＋"的"〉

いろいろなパターンがあるように見えて，すべて，"怎么"の直後に動詞が続いていることが確認できます。

また，"怎么"構文はよく二義性を持ちます。つまり"怎么"が

〈方式〉とも〈原因〉とも解釈できる場合です。

⑥怎么学汉语？Zěnme xué Hànyǔ?〈動詞＋目的語〉

これは次の二通りに訳せます。

⑥' a. どうやって中国語を学ぶか。〈方式〉
　　 b. なぜ中国語なんかやるの。〈原因〉

直後に動詞が現れていますが〈原因〉にも解釈可能です。ところが、次は〈原因〉のみです。

⑦怎么来了？ Zěnme lái le?〈文末に"了"〉（なぜ来たの）
⑧怎么洗不干净？Zěnme xǐbugānjing?〈可能補語否定形〉
　（どうしてきれいに洗えないのか）

つまり、"怎么"と動詞が密着していること即"怎么"＝〈方式〉とはいえず、これは〈方式〉義を表すための必要条件でしかありません。

逆にいえば〈方式〉を表すのであれば、すべて"怎么"の直後に動詞が来ていなくてはなりませんが、ご質問の例は唯一の例外といえます。類例をあげておきましょう。

⑨怎么才能说服他？ Zěnme cái néng shuōfú tā?（どうすれば彼を説得できるか）
⑩怎么才能提高成绩？ Zěnme cái néng tígāo chéngjì?（どうすれば成績をあげられるか）

まず、ここに現れた"才"は、次のような"才"とは区別することができるでしょう。

⑪怎么才来？ Zěnme cái lái?（なぜ今頃来たの）〈原因〉

これは「時間的におそい」ことを表す"才"ですが、⑨や⑩の"才"は「ある条件の場合に限って"才"以下のことが実現する」ことを表す用法で、通常「ある条件」は前句としてVPの形で示され、複文となります。

⑫只有依靠群众才能做好工作。Zhǐyǒu yīkào qúnzhòng cái néng zuòhǎo gōngzuò.（大衆に依拠してこそ仕事がきちんとできる）

質問文も複文に書き換え可能です。

⑩' 怎么做才能学好汉语？Zěnme zuò cái néng xuéhǎo Hànyǔ?（どうすれば中国語ができるようになるか）

ご質問の文はこのような"做"を含むのだと考えられます。なぜなら"怎么"はそれ自身"了"を伴って述語になることができるからです。

⑬你怎么了？ Nǐ zěnme le?（君どうしたの）

つまり"怎么才能～"における"怎么"部分は一つの述語相当「どのようにする」と見るわけです。また，例外の3例はすべて"怎么"を"怎样"zěnyàngで置き換えできます。

⑩" 怎样才能学好汉语？ Zěnyàng cái néng xuéhǎo Hànyǔ?

⑨" 怎样才能说服他？ Zěnyàng cái néng shuōfú tā?

⑩" 怎样才能提高成绩？ Zěnyàng cái néng tígāo chéngjì?

"怎样"は〈方式〉を表すもの。以上から，質問例は〈方式〉を表す"怎么"の一用法として認められ，かつ説明可能だと思われます。

〔参考〕彭可君，1993〈说"怎么"〉《语言教学与研究》(1期)

（相原　茂）

Q 47. 推量を表す副詞

"吧" ba や "大概" dàgài は推量の意味を表すと習いました。このほかにもいくつか推量を表すことばがあるようです。これらのことばには違いがあるのでしょうか。

A

推量を表す場合，"大概"などの副詞，"我想～"wǒ xiǎng のような動詞を含むもの，"吧"のような語気助詞など，いくつかの形があります。ここでは主に副詞についてみてみましょう。たとえば次のような「彼はすでに行ったことがある」ことを推量する場合。

① 他准保去过了。Tā zhǔnbǎo qùguo le.
② 他大概去过了。Tā dàgài qùguo le.
③ 他也许去过了。Tā yěxǔ qùguo le.

この"准保""大概""也许"はすべて推量を表しているのですが，話し手が推量するにあたっての自信の大きさに違いがあります。これは次のように"吧"と一緒に使用できるかどうかの違いからも分かります。

④ *他准保去过了吧。
⑤ 他大概去过了吧。
⑥ 他也许去过了吧。

このように"准保"が"吧"と一緒に使えないのは，おそらく"准保"を使っている場合は話し手の自信がある程度大きいからです。一方で"大概""也许"は"准保"を使用しているときに比べ，自信が小さく，また，まだ確定していないという意味があるため，"吧"と一緒に使えるのでしょう。

また，"大概"と"也许"にも，話し手の自信の大きさに違いがあるようです。

⑦ *他大概来，大概不来。
⑧ 他也许来，也许不来。Tā yěxǔ lái, yěxǔ bù lái.（彼は来るかも知れない，来ないかも知れない）

このように"也许"は「そうでない可能性がある」ということ

を明確に示せるのに対し、"大概"はこのように使用できません。従って"大概"は"也许"よりは話し手の自信が大きいことが分かります。

以上の用例などをまとめてみますと、次のようなことが分かります。すなわち、同じように「推量」を表す場合でも、話し手の自信の大きさに違いがあります。用例に示した"准保""大概""也许"は、"准保"がその自信が一番大きく、その次は"大概"で、"也许"はその自信が一番小さいということになります。

このほかにもあります。たとえば"恐怕" kǒngpà は話し手の自信という点では"大概"と近いと思われますが、「(落した)財布はおそらく見つからないだろう」と言いたい時にはこの二つには次のような違いがあります。

⑨ 钱包大概找不回来了。 Qiánbāo dàgài zhǎobuhuílái le.
⑩ 钱包恐怕找不回来了。 Qiánbāo kǒngpà zhǎobuhuílái le.
⑪ 钱包大概能找回来。Qiánbāo dàgài néng zhǎohuilai.
⑫ *钱包恐怕能找回来。

このように、"恐怕"は、話し手にとってよいことを推量する場合には使いにくいのです。一方、"大概"にはそのような制約はなく、よいことの場合にも悪いことの場合にも使うことができます。

(玄 宜青)

Q 48. 結果補語の "着" zháo ＝ "到" ?

"找到" zhǎodào は "找着" zhǎozháo ともいえるようですが、すべての場合に "到" ＝ "着" となるのでしょうか。"睡着" shuìzháo は "睡到" とはいえないと思うのですが。

A 確かに中国語のテキストや日本人向けの文法書では，どちらも結果補語として扱うだけで，それ以上の説明はあまりしていないようです。まず置き換え可能なものとしてはつぎのような動詞があります。

　　猜 cāi 到——猜着（あてる）
　　见 jiàn 到——见着（会える）
　　查 chá 到——查着（調べあてる）
　　借 jiè 到——借着（借りられる）
　　买 mǎi 到——买着（買える）
　　摸 mō 到——摸着（さわることができる）
　　够 gòu 到——够着（とどく）
　　碰 pèng 到——碰着（ふれる；ぶつかる）
　　撞 zhuàng 到——撞着（ぶつかる）

これらの"着"は「達成・到達・結果」というような意味でくることができます。そして，こうした動詞の場合，"到"よりも"着"の方が北方語的だということができます。北京では"～着"のほうが多用されます。

これらに対し，"睡着"の"着"は"到"に置き換えができません。この場合は「寝つく」という意味をもった"着"が"睡"と結合していると考えるべきでしょう。類例としては次のようなものがあります。

　①把孩子哄着了。Bǎ háizi hǒngzháo le.（やっと子どもをあやして寝かしつけた）

学習が進むにつれ，これらとはまたちがった"～着"が出てきます。その一つは，

　②灯点着了 dēng diǎnzháo le（火をともした）

③火柴划不着huǒchái huábuzháo（マッチがつかない）

のように「火がつく」という意味をもつ"着"です。さらに多いのは、「不快な身体感覚」をもつ動詞につくものです。

④我怕你冻着了。Wǒ pà nǐ dòngzháo le.（君が寒さにあたるといけないと思って）

⑤没工夫吃饭，把我饿着了。Méi gōngfu chīfàn, bǎ wǒ èzháo le.（ご飯を食べる暇がないのでぺこぺこだ）

⑥可把人累着了。Kě bǎ rén lèizháo le.（本当にくたくただ）

⑦你这么大声嚷，把孩子吓着了。Nǐ zhème dàshēng rǎng, bǎ háizi xiàzháo le.（君がこんなに大声でわめくので，子どもはおびえている）

⑧从树上掉下来，可是没摔着。Cóng shùshang diàoxialai, kěshì méi shuāizháo.（木から落ちたが，[打って]けがをしなかった）

これらは「ひどい状態になる」ことで，"摔着"では「ころんだ（り，落ちた）後けがをする」というところまで意味します。これらは"到"では置き換えられないものです。

ところで，上に挙げたものの中でも，"够着"gòuzháo（とどく）はしばしば可能補語の形（"够不着"）で用いられますし，

⑨这些东西我现在用不着，你拿去用吧。Zhèixiē dōngxi wǒ xiànzài yòngbuzháo, nǐ náqu yòng ba.（これらは今は使わないから，持って行って使ったら）

⑩这些事你管不着。Zhèixiē shì nǐ guǎnbuzháo.（こうしたことは君には関係ない）

のように，もっぱら可能補語で用いられ，意味に少しずれが生じているものもあります。前者は「使えない」ではなく「必要がない」，後者は「あなたに関わりない」という意味です。"用不着"

yòngbuzháoなどは、「～するには及ばない」という意味で使うこともあるくらいです。

⑪你用不着亲自去。Nǐ yòngbuzháo qīnzì qù.（君は自ら行く必要はない）

（荒川清秀）

Q 49.「名詞＋名詞」の語構成

たとえば"铁路"tiělùという単語と"电灯"diàndēng という単語をにらんで、これらを"铁"の"路"、"电"の"灯"などとみなすとなんだか落ち着きません。まえの名詞"铁"や"电"と、うしろの名詞"路"や"灯"との間の結びつき方に何か違いがあるのではないでしょうか？

A なかなか語感のするどいご質問です。

単語の内部の構造を考察する研究分野は"构词法"gòucífǎ といって、語法論と語彙論とのはざまで論ずるのですが、まだ検討を要するテーマがあちこちに残されています。

名詞が名詞を修飾する場合、たしかにおっしゃるようについ「の」をつけて考えてしまいがちです。しかし「の」をつけてよいのは所有や所属をあらわす、いわゆる領属関係の場合などにかぎられます。それ以外の関係がほかにもあることを忘れてはなりません。

以下に、前の名詞がどういう意味で後ろの名詞を修飾するかを整理しておきます。おことわりしておきますが、"父母"のように並列構造のようなものはこれに含まれません。なお、この分類は、

万恵洲《汉英构词法比较》(中国对外经济贸易出版社, 1989) によるものです。

1. 材料を示す："铁路" tiělù "钢版" gāngbǎn
2. 動力を示す："电灯" diàndēng "气枪" qìqiāng
3. 用途を示す："火柴" huǒchái "雨衣" yǔyī
4. 従属を示す："月光" yuèguāng "果肉" guǒròu
5. 方式を示す："手旗" shǒuqí "腰鼓" yāogǔ
6. 来源を示す："血迹" xuèjì "豆油" dòuyóu
7. 類別を示す："松树" sōngshù "经书" jīngshū
8. 性別を示す："男声" nánshēng "公鸡" gōngjī
9. 比喩を示す："金鱼" jīnyú "龙灯" lóngdēng
10. 地区を示す："京剧" jīngjù "汾酒" fénjiǔ
11. 方位を示す："北京" Běijīng "内科" nèikē
12. 時間を示す："春色" chūnsè "日班" rìbān
13. 性質を示す："液体" yètǐ "海军" hǎijūn
14. 形状を示す："钩虫" gōuchóng "线材" xiàncái

ただ，うえの分類はまだ充分ではありません。たとえば"天敵" tiāndí などは「天の敵」ではなく「天（自然の摂理）が定めた敵」であって，うえの分類にはおさめにくいですね。まあこれは，元来が英語の *natural enemy* の翻訳語ですから当然です。外来語や翻訳語はべつの観点が必要になってきます。

そういえば，「天が与えた運命」の意味の"天运" tiānyùn であるとか，「天から授かった喜び」の意味の"天庆" tiānqìng，あるいは「主君の出した命令」の意味の"君命" jūnmìng など，書面語の語彙に多く見られるこのパターンに「授与者を示す」という一類型をたてる必要がありそうです。授与者に授命者を含めて考えれば，"天敵"はそこに入れられます。

（佐藤 進）

Q 50. "按揭"って何？

中国の新聞で，"工商银行按揭高达7成……" Gōngshāng Yínháng ànjiē gāodá qī chéng……という不動産広告を見かけました。この中の"按揭" ànjiē ということばの意味ですが，辞書で調べても載っていなかったので，中国人に聞いたら住宅ローンの意味だそうです。なぜ住宅ローンのことを"按揭"というのでしょうか。

A

私もこのことばを知ったのはつい最近のことで，日本に住んでいる中国人の友人たちに聞いても，分からないという人が多かったのです。このことばは住宅を購入するとき，住宅を抵当にした銀行の貸し付けの意味で，"工商银行按揭高达7成"とは工商銀行の貸し付けが住宅の価格の7割に達するという意味です。

さて，このことばの由来ですが，《方言》(中国語方言を扱う専門誌)にその語源について紹介したものがありますので，それをかいつまんで紹介するとこうなります。広東語では"按"は何かを抵当に金を借りるという意味であり，"揭"は《汉语大词典》に"借债" jièzhài (金を借りる)の意味が載っており，"按揭"はそういうところから抵当つきのローンの意味を表すことになったということです。この"按揭"の発音ですが，標準語では ànjiē であり，広東語では [ɔn kʻit] と発音するそうです。

この"按揭"は香港で最初に使われ，香港の人が住宅を購入するときに利用する住宅ローンであり，大陸の中国人がローンで住宅を買えるようになってから，広東や北京，上海などでも使われるようになりました。

香港と大陸の行き来が盛んになるにつれて，広東語からはいろ

いろなことばが"普通话"pǔtōnghuà に入ってきています。不動産関係だけでもほかに"物业管理"wùyè guǎnlǐ（不動産管理もしくはマンション管理），"业主"yèzhǔ（建物のオーナー；所有者）などがあります。

また不動産関係以外でもたくさんあり，よく知られたものとして"T恤"tīxù（Tシャツ），"打的"dǎdí（タクシーに乗る）などがありますが，これらはすでに市民権を得たことばです。最近香港から北京語に入って，いま北京で流行っていることばには"酷"kù や"靓"liàng があります。"酷"は男性の格好よさ，"靓"は女性の美しさの描写に使われます。実はこの"酷"は英語の cool だったのです。香港の人がそれを使い，それから大陸で使われるようになったものです。

一方，かつて香港から入って，一時期大陸で流行っていた"大哥大"dàgēdà は携帯電話の小型化により，あまり使わなくなり，いまや"手机"shǒujī にとって代わられました。現在，住宅ローンの意味では"贷款"dàikuǎn と"按揭"の両方が使われているようですが，これから"按揭"が住宅ローンの意味として定着するかどうか興味深いところです。

［参考文献］李栄〈说按揭〉《方言》1999年第一期

(楊　凱栄)

6

語法のキーポイント

Q 51. 比較表現の問題

中国の友人と中国語で手紙のやり取りをしていますが、ある手紙の中で「大連の人は北京の人よりいい服を着ている」のつもりで"大连人比北京人穿好的衣服。"と書きました。正しくは、"大连人比北京人穿得好。"Dàliánrén bǐ Běijīngrén chuānde hǎo というのだそうですが、私の使い方ではなぜいけないのでしょうか。

A

ご質問は"比"を用いた比較文の使い方と関係しています。ここで仮にこの種の比較文を「A比BX」と記号化して表します。比較とはそもそもAとBの性質、状態、量などについて、比較を行うことです。その比較が成立するためには、Xの部分が動作性の動詞(もしくは動詞フレーズ)ではなく、程度、量の差が生じうる、状態性を帯びた形容詞(形容詞フレーズ)でなければなりません。お尋ねの表現が不自然なのは、そのXの部分がこの条件を満たしていないためです。確かに"穿好的衣服" chuān hǎo de yīfu は"好"という形容詞を含んでいますが、「動詞("穿")＋目的語("好的衣服")」の動詞(フレーズ)構造であることにかわりはありません。したがって、"穿好的衣服"はXとしては不

適切なわけです。この文を自然な表現にするには、お手紙にあるように、動詞フレーズを形容詞相当の表現に変えればよいでしょう。

①大连人比北京人穿得好。Dàliánrén bǐ Běijīng rénchuānde hǎo.

こうして、"穿好的衣服"が"穿得好"に置き換えられることによって、Xの部分が状態性を帯びた形容詞相当のフレーズになり、文として可能になるのです。

もっとも、動詞ならすべてXとして不可能かというとそうでもありません。心理活動を表す"喜欢"xǐhuan、"爱"àiなどはXの位置に現れることが可能です。

②他比我喜欢喝咖啡。Tā bǐ wǒ xǐhuan hē kāfēi.

(彼は私よりコーヒーがすきだ)

要するに、意味的に性質や状態を表すのに用いられる形容詞に近い動詞なら、Xとして、形容詞と同等の資格を獲得できるわけです。

一方、同じ形容詞フレーズでも、程度の強調に用いられる"很"hěn、"非常"fēichángのような副詞が入ると、不自然な文となります。

③*北京比上海很冷。

④*大连人比北京人穿得很好。

しかし、比較の副詞"更"gèng、"还"háiなら、形容詞を修飾する形で用いられても構いません。

⑤他比我更忙。Tā bǐ wǒ gèng máng.（私は彼よりずっと忙しい）

⑥大连人比北京人穿得更好。Dàliánrén bǐ Běijīngrén chuānde gèng hǎo.

この違いは程度の強調を表す副詞"很"と比較副詞"更"の性

質によるものであり，この点は日本語についても「ずっと」や「もっと」などは比較構文に用いられますが，「とても」は比較構文に用いられないのと事情が同じといえましょう。　　（楊　凱栄）

Q 52. "去"の重ね型

初級中国語の授業で，連動文の"你们去玩儿吧。"Nǐmen qù wánr ba を動詞の重ね型にする練習があり，そこで，"去"を重ね型にして，"你们去去玩儿吧。"にしたところ，"你们去玩儿玩儿吧。"Nǐmen qù wánrwanr ba に直されました。"去"の重ね型ではいけないのでしょうか。

A
結論からいえばそういうことになります。お尋ねの文は"去"と"玩儿"が共に用いられている連動文ですが，この「"去"＋動詞」タイプの連動文において，動詞とかかわるような文法的な成分が加わる場合，常に後ろの動詞と関係し，"去"とは関係をもちえないのです。たとえば，ご質問の文の中に，"了"le（完了の意味）や"过"guò（経験の意味）を入れるとすれば，いずれも，

① 你们去玩儿了吧。Nǐmen qù wánrle ba （遊びに行きましたか）

② 你们去玩儿过吧。Nǐmen qù wánrguo ba （遊びに行ったことがありますか）

のように"玩儿"の後ろに入ることになり，

③ *你们去了玩儿吧。

④ *你们去过玩儿吧。

のように"去"のすぐあとに置くと，不適格な文になってしまい

ます。動詞の重ね型も"了"、"过"と同じ文法的なカテゴリーに属するものですから、重ね型になるのは当然"玩儿"であって、"去"ではないのです。

一方、日本語の「遊びに行く」という文は中国語とはちょうど逆であり、動詞にかかわる文法的な成分が加わる場合、いずれも「行く」と関係し、「遊ぶ」とは関係がありません。たとえば、同じ完了を表す「～した」や経験を表す「～したことがある」をこの構文の中で表す場合、

⑤遊びに行った。

⑥遊びに行ったことがある。

のようになります。ご質問にあるような間違いもこの日本語の影響によるものと思われます。ところで、この"去"という動詞はそもそも重ね型にはなりにくいものなのです。例えば、「ちょっと行ってください。」という意味で、"去"を重ね型にして、

⑦*你去去吧。(注)

はいえません。この場合、意味的に重ね型と似たような"一下" yíxià を用いればよいのです。

⑧你们去一下吧。Nǐmen qù yíxià ba. （ちょっと行ってくださいね）

動詞の重ね型が可能かどうかはその動詞の性質によるものです。一般的にいえば、意志性（制御不可能）のない動詞は重ね型にはなりません。また、動詞の重ね型は基本的に動作の時間が短い、動作の回数が少ないといった意味を表しますが、動詞の性質や文脈によって、「こころみに～してみる」意味を表したり、語気を和らげる働きがあります。

〔注〕ただし、実際に動詞の重ね型の後ろに「すぐに」という意味の"就" jiù が用いられ、「動作の時間が短い」という意味を表す場合、"你等我一

下，我去去就来。"Nǐ děng wǒ yíxià, wǒ qùqu jiù lái.（少し待っていてくれ。僕ちょっと行ったらすぐ戻るから）はいえます。しかし、これは比較的特殊な使い方です。なお、この例文と説明は《实用现代汉语语法》（刘月华）、訳文は『現代中国語文法総覧』（相原茂）によるものです。

(楊　凱栄)

Q 53. 方向補語の"来""去"はいつ必要？

"起"qǐ は "今天我起得很早。" Jīntiān wǒ qǐde hěn zǎo と "起"だけでいうのに、"回"は "我昨天回来得很晚。" Wǒ zuótiān huílaide hěn wǎn と"来"までつけていいますね。また、"坐下" zuòxia は"坐下来"と"来"までつけていう例もみたことがあります。どういうときに"来"がいるのでしょう。

A

"上" shàng, "下" xià, "进" jìn, "出" chū, "回" huí, "过" guò, "起" qǐ を方向動詞といいますが、これらは日本語の移動を表す動詞とはちがって独立性が弱く、ふつう"进来""回去"のように、話し手（視点）との関係を示す方向補語の"来"や"去"をつけて使います。ただし、"进门" jìnmén（中に入る）、"回家" huíjiā（家に帰る）のように目的語をとれば、"来""去"がなくても大丈夫です（"进门来""回家去"のように、さらに"来""去"がつくことはありますが）。その意味で"请进。" Qǐngjìn.（どうぞお入りください）、"请回。" Qǐnghuí.（どうぞお帰りください）などは、"请〜"で１語とみなすべきものです。

方向動詞でも"起"はやや特殊で、"起来"はあっても"起去"は共通語としては認めていません。"起来"の"来"も他の方向動

詞の場合ほど視点との関係がはっきりしません。「起きなさい」は"起来吧。"Qǐlai ba のように"来"をつけて習ったと思いますが，

①快起吧，都九点了。Kuài qǐ ba, dōu jiǔ diǎn le.（早く起きなさい，もう9時だよ）

のように"起"だけでいうこともあります。他の方向動詞よりは独立性が強いと思っていいでしょう。それで下の例のように，ひとまとまりの動作としていうときには"起来"はだめで，

②我起得很早。Wǒ qǐde hěn zǎo.（早く起きた）

③他今天起晚了。Tā jīntiān qǐwǎn le.（かれは今日起きるのが遅すぎた）

のように"起"だけでいうのがふつうです。

総じて"来""去"がいつつくかということはまだよくわかっていませんが，その前にくる動詞や方向補語の種類によってもちがってくるようです。たとえば，"回"だと，

④爸爸今天回来得很晚。Bàba jīntiān huílaide hěn wǎn.（お父さんは今日は帰ってくるのが遅かった）

のように"来"までつけなくてはいけません。また，"～起"や"～出"だと，

⑤站起来 zhànqilai（立ちあがる）

⑥你把头抬起来。Nǐ bǎ tóu táiqilai.（顔をあげて）

⑦拿出来 náchulai（取り出す）

のように"来"が必要ですが，"～下"では，

⑧坐下＞坐下来 zuòxialai（腰をおろす）

⑨放下＞放下来 fàngxialai（おろす；置く）

のように両方が可能です。しかし，ふつうは"来"なしで使います。

動詞によって，移動過程が問題になるような場合には"来"が

つきます。次の例をくらべてみてください。

⑩ 扣子掉了。Kòuzi diào le.（ボタンが落ちた）

⑪ 被子掉下来了。Bèizi diàoxialai le.（ふとんが落ちてきた）

⑪では"来"は不可欠です。派生義についていうと,

⑫ 你停下。Nǐ tíngxia.（止まって）

⑬ 把车停下。Bǎ chē tíngxia.（車を止めて）

は"来"がないのがふつうですが,

⑭ 把毛衣脱下来。Bǎ máoyī tuōxialai.（セーターを脱ぎなさい）

では"来"が必要になります。

開始を表す"～起来"は過去にしか使えませんから,"想起来" xiǎngqilai（思い出す）は命令文になりません。同じく意志についても,

⑮ 从哪儿说起呢？ Cóng nǎr shuōqi ne?（なにから話そう）

では"说起来"としてはいけません。また,"追上"zhuīshang（追いつく）と"追上来"zhuīshanglai（追いついてくる）では意味が変わってきます。

（荒川清秀）

Q 54. "穿上"の"上"は結果補語？

"穿上"chuānshang や"关上"guānshang の"上"は方向補語だと思っていましたが,あるテキストには結果補語となっています。どういうことでしょうか。

A

体系を重んじる立場からいえば,結果補語といわれる"上"は単純方向補語の派生義（中国語でいう"引申义"yǐnshēnyì）にすぎません。しかし,これを結果補語として説明しているテキ

ストや文法書も少なくありません。そのわけを考えてみましょう。
方向補語には,

  (a) 来　去
  (b) 上　下　进　出　回　过　起　(开)
  (c) 上来　下来　进来　出来　回来……
　　 上去　下去　进去　出去　回去……

の(a)や(b)のように一字のもの（単純方向補語）と，(c)のように二字からなるもの（複雑方向補語）とがあることは，名称はともかく，みなさんもご存知のことと思います。ところで，単純方向補語のうち(a)組は，テキストでも比較的詳しく説明がなされていますし練習の機会も多いのですが，(b)組になると，たいていのテキストは，表に列挙するだけで，特に例をあげて説明をしてはいません。それは，本来の方向・移動の用法を出そうとすると，どうしても，

　　走上舞台 zǒushang wǔtái （舞台に上がる）
　　走进教室 zǒujin jiàoshì （教室に入る）
　　走出病房 zǒuchu bìngfáng （病室から出る）

のように場所目的語をもった文を出さざるをえず，会話文を主とする初級テキストとしては，いきおい避けたくなるのです。ただ，"下"については，

　　放下（行李）fàngxia (xíngli) （荷物をおろす）
　　坐下 zuòxia （腰をおろす）
　　躺下 tǎngxia （横になる）
　　蹲下 dūnxia （しゃがむ）

のように，場所ではない目的語をとったり（これは省略や前置が可能），自動詞を本動詞としてとることができますので，他の組とはちがい，初級テキストとしてもとりあげることは容易です。

ところで、"上"の「付着・達成」という派生義はよく使われ重要なものですから、初級でもぜひ出しておきたいのですが、方向補語として出そうとすると、先のような場所を伴った例をも出さざるをえなくなりますが、これは面倒です。そこで、派生義だけを取り出し、結果補語として説明しておこうということになるわけです。"上"の派生義が"上来"や"上去"の派生義（「近づく」）とつながりがないのも、そうしやすい理由です。"上"結果補語説は教育的な観点から出たものといえるでしょう。

では、"下"についてはどうでしょう。これも結果補語としてあつかいたくなります。"下"の派生義である「留存・離脱」などは初級でも出しておきたいことがらですから。ところで、"下"の方向を表す用法は場所語なしで容易に出せますから、それではいっそ方向補語の原義とともに説明したほうが楽だということになります。"下"が"下来"
"下"だけを結果補語としてあつかいにくい理由です。

"开"も"开来"がありますから、方向補語として処理するほうが統一性がありますが、"开来"は初級や中級レベルではふれる必要のないものですし、"～开"の「空間ができる」という意味は他の方向動詞とは異質だ、という見方もできますから、結果補語としてあつかうのも一つの方法といえます。

（荒川清秀）

Q 55. 状態補語と結果補語

状態補語と結果補語の使い分けがよくわかりません。「昨日はよく眠れましたか」は"你昨天睡得好吗？" Nǐ zuótiān shuìde hǎo ma? と状態（程度）補語を使うのに、「十分めし

あがりましたか」は"你吃好了吗？" Nǐ chīhǎo le ma? と結果補語を使います。どちらでもいいのでしょうか。

A

状態補語は本来時間と関係なく動作のありかたを問題にするものですが，文脈があれば過去の動作の描写にも使うことができます。そのため，結果補語との使い分けでまぎらわしい部分が出てきます。たしかに"睡"で，眠りの状態をきくには，

①你昨天睡得好吗？Nǐ zuótiān shuìde hǎo ma？（昨日はよく眠れましたか）

のように，状態補語を使うほうが，

①'你昨天睡好了吗？ Nǐ zuótiān shuìhǎo le ma？

と，結果補語を使うより自然なようですし，

②考试考得好吗？Kǎoshì kǎode hǎo ma？（試験はよくできましたか？）

②'考试考好了吗？（試験は終わりましたか？）

の二つのうち，試験のできの善し悪しをきくときは状態補語のほうを選びます。ところが，「十分めしあがりましたか」では，

③你吃好了吗？ Nǐ chī hǎo le ma？

というほうが自然で，

③'你吃得好吗？

では「おいしいもの，栄養のあるものを食べているか」という意味になってしまいます。これは，状態補語というものが，動作のおこなわれた様子や内容を問題にしているのに対し，結果補語のほうは，動作過程の結果がどうであるかを問題にしているというちがいからきています。たとえば，

④文章写好了。Wénzhāng xiěhǎo le.（文章を書き終えた）

は，「とどこおりなく文章が書けた，書き終わった」というだけで，

必ずしもうまく書けているとはかぎりません。うまく書けたのなら,

　④'文章写得很好。Wénzhāng xiěde hěn hǎo.（よく書けている）

といわなくてはいけません。さらに,

　⑤已经说好了。Yǐjing shuōhǎo le.（すでに話をつけてある）

　⑤'说得很好。Shuōde hěn hǎo.（話すのがうまい；いいことをいう）

　⑥他英语学好了。Tā Yīngyǔ xuéhǎo le.（かれは英語を修得した；マスターした）

　⑥'他英语学得很好。Tā Yīngyǔ xuéde hěn hǎo.（かれは英語の成績がよい；よくできる）

　⑦衣服穿好了。Yīfu chuānhǎo le.（服は着こんだ）

　⑦'衣服穿得很好。Yīfu chuānde hěn hǎo.（いい服を着ている）

でも,結果補語が動作過程の終結を問題にしているのに対し,状態補語は内容にまでわたっています。"吃好了"というのも,満足できるほど食べたということをいっているだけで,おいしい料理であったかどうかは不問に付されているといえましょう。

　もっとも,否定になると状況はかわり,たとえば「昨日はよく眠れなかった」は,

　⑧我昨天睡得不好。Wǒ zuótiān shuìde bù hǎo.

ともいえますが,

　⑧'我昨天没睡好。Wǒ zuótiān méi shuìhǎo.

という方がより自然なようです。「今回の試験の結果はよくなかった」も,

　⑨这次没考好。Zhèi cì méi kǎohǎo.

と否定形でいうことができます。

（荒川清秀）

Q 56. "到中国回去"はまちがい？

"到" dào は「～へ」という介詞と思っていたので,「中国へ帰っていく」を "到中国回去" dào Zhōngguó huíqu としたら,"回中国去" と直されました。どうしていけないのでしょう。

A

"到" は確かに,

①你到哪儿去？ Nǐ dào nǎr qu？（どこへ行くのですか）

②你什么时候到日本来的？ Nǐ shénme shíhou dào Rìběn lái de？（いつ日本に来たのですか）

では「へ」と訳せますし,実際これを「～へ」という介詞（前置詞）だと説明しているテキスト,参考書がほとんだと思います。しかし,"到" を「～へ」という介詞だと思いこんでいると,上の質問者のような文,それに,

③ *她到外边儿出去。Tā dào wàibianr chūqu.

④ *他到学校跑去了。Tā dào xuéxiào pǎoqu le.

のような文を作ってしまいかねません。しかし,これらはどちらも中国語としてはおかしな文で,④など無理に解釈しようとすれば,「学校についてから走っていく」となってしまいます。仮に "到" を「～へ」と習ったとしても,あとにくる動詞は "去" と "来" しかないことに注意する必要があります。

わたしはむしろ "到" は動詞として理解したほうがいいと思っています。もちろん,"到" の基本義は「着く」ということで,

⑤北京快到了。Běijīng kuài dào le.（北京にはもうすぐ着きます）

⑥飞机几点到大阪？ Fēijī jǐ diǎn dào Dàbǎn？（飛行機は何

時に大阪に着きますか)

は「着く」としか訳せません。しかし，多少中国語を習った人なら，つぎのような文にも出会ったことがあるでしょう。

⑦我到北京已经半年多了。Wǒ dào Běijīng yǐjing bàn nián duō le.（北京に来てもう半年余りになる）

⑧到楼上坐坐。Dào lóushàng zuòzuo.（二階へ行って少しゆっくりしましょう）

⑦は"来"，⑧は"去"に置き換えることができます。これは，"去"や"来"が，それぞれ出発に重点をおきつつも，同時に到達の側面をも含むからで，到達にポイントをおけば"到"との共通点が出てくることになります。実際，"到"は⑧や，

⑨请到那儿交款。Qǐng dào nàr jiāokuǎn.（あそこへ行ってお金を払ってください）

⑩你到长城玩儿过没有? Nǐ dào Chángchéng wánrguo méiyou?（万里の長城へ遊びに行ったことはありますか）

のような連動式の最初の動詞としてよく使われますし，

⑪你到过大连吗? Nǐ dàoguo Dàlián ma?（大連に行ったことがありますか）

⑫你到过哪些地方? Nǐ dàoguo něixiē dìfang?（どういったところへ行きましたか）

のような言い方もできるくらいです。過去の経験である以上当然そこに到達しているはずで，だから"去过"の代わりに使われるのです。日本語の「着ク」とはだいぶがちがうといわざるをえません。問題は，

⑬你到哪儿去? Nǐ dào nǎr qu?（どこへ行くのですか）

をどう説明するかですが，これは"到"の意味が補語の"去"（これは軽声）によって到達よりも移動に重点が移り，「行く」の意味

に近くなるからでしょう。中心は"去"ではなく"到"にあります。また，

　⑭我到书店去买书。Wǒ dào shūdiàn qù mǎi shū.（本屋へ本を買いに行く）

の"去"はむしろ接続の働きをしていますし，

　⑮我到书店买书去。

と文末に"去"が来ることもあります。この場合の"到"を介詞という人はいないでしょうし，去と呼応しているともいえないでしょう。これはちょうど，

　⑯我回家去吃饭。Wǒ huíjiā qù chī fàn.（家へご飯を食べに帰る）

　⑰我回家吃饭去。

などと平行した現象で，この文末の"去"を語気詞という人もいるくらいです。

（荒川清秀）

Q 57. "住在北京一年了。"はおかしい？

「兄は北京に住んでいる」というのを"我哥哥住在北京。"Wǒ gēge zhùzai Běijīng と習ったので，「兄は北京に一年住んでいる」を"我哥哥住在北京一年了。"としたら"我哥哥在北京住一年了。"Wǒ gēge zài Běijīng zhù yì nián le となおされました。この文はいけないのでしょうか。

A

もっともな質問です。わたしもならべかえの問題を出すときに，よく上の例を分解して出題しますが，

　①我在北京住（了）一年了。

あるいは,

　　②我在北京住了一年。

と答える学生はまれで，ご質問のように，

　　③我住在北京一年了。

という答えが大半です。これはおそらく，先に，

　　④你住在哪儿？ Nǐ zhùzai nǎr ?

のような文を習うためかもしれません。こんな時わたしは，①や②を正解にしても，③は正解と認めてきませんでした。これは，動詞が時間補語をともなうときは，"在"に導かれた場所語は動詞より前におくという一般法則が中国語にはあるからです。

　しかし，③が本当にまちがいなのかというと，そうともいいきれないのです。たとえば，王還という人の《说"在"》("在"について）という論文には，

　　⑤他在北京住了一辈子。Tā zài Běijīng zhùle yíbèizi.（かれは北京で一生を送った）

という文で，"在北京"を"住"のうしろにもってきたときには，

　　⑥他住了一辈子在北京。

はだめで，

　　⑦他住在北京一辈子了。

のようにいうしかないとしています。また，範継淹という人の論文には，

　　⑧车停在门口一小时了。Chē tíngzai ménkǒu yì xiǎoshí le.（車は玄関にもう一時間止まっている）
　　⑨他躺在床上三天了。Tā tǎngzai chuángshang sān tiān le.（かれはベッドに伏せてもう三日になる）

という例があがっています。

　なぜ⑦～⑨のような例がいえるのでしょう。それは上のよう

な動詞についていえば，"V在～"という形式に「～している」という状態を表す意味と，「～する」という変化を表す意味とがあって，ふつう"V在～"は「～している」という意味を表すのが主で，変化を表すには特別の文脈がいります。その一つが〈V在＋時間補語＋"了"〉というもので，⑦～⑨では動詞は変化の意味になり，時間補語が変化後の経過時間を示すことになります。それが証拠に，変化を表す動詞では，文末に（現在につながる）変化を表す"了"が必要ですが，上の⑦～⑨では，すべて文末に"了"がついています。"住"のように持続を表す動詞では，①は現在につながっていますが，②は現在と切れていてもいいのです。以上のように，⑧⑨を含め③はまちがいとは断言できませんが，中国人にきいても規範的なものとはいえません。やはり，①のようにいうのをおすすめします。

(荒川清秀)

Q 58. "是～的"構文？それとも"了"？

作文で「昨日わたしは10時に寝ました」というのを"昨天我十点钟睡了。"Zuótiān wǒ shí diǎn zhōng shuì le と訳したら，"昨天我十点钟睡的。"あるいは"昨天我十点钟就睡了。"とするよういわれました。どんなときに"是～的"の構文を使い，どんなときに"了"を使うのかよくわからないのですが。

A

"是～的"構文というのは，動作の実現（完了）そのものより，時間・場所・方式・主体等に焦点があるときに，その部分を強調するために使うといわれています。しかし，それはあくまでそ

の部分を強調するためで，時間・場所・方式・主体が出てくれば，必ず"是～的"構文を使うというわけでもありません。ある点にフォーカスをあてていうか，それとも全体を一つの情報として示すかということで表現法がちがってくるのです。そもそも「10時に寝た」という事実をどのような文脈でいうでしょうか。おそらく「昨日は遅く寝たんだ」「何時に寝たの」「10時に」というような文脈が必要でしょう。そうでなければ「10時に寝た」という事実を早いか遅いかという評価をいれて，

① 昨天我十点钟才睡。Zuótiān wǒ shí diǎn zhōng cái shuì.（十時になってようやく寝た）

② 昨天我十点钟就睡了。Zuótiān wǒ shí diǎn zhōng jiù shuì le.（十時にはもう寝た）

のようにいうのではないでしょうか。

時間・場所・方式・主体が出てきても"是～的"構文を使わない例をいくつかあげてみましょう。

③ 上星期六我爱人到中国去了。Shàngxīngqī liù wǒ àiren dào Zhōngguó qu le.（先週妻は中国へ行った）

④ 昨天晚上11点多钟，安莉来了。Zuótiān wǎnshang shíyī diǎn duō zhōng, Ān Lì lái le.（昨日の晩11時すぎに安莉が来た）

⑤ 昨天晚上我爸爸从北京回来了。Zuótiān wǎnshang wǒ bàba cóng Běijīng huílai le.（昨日の晩お父さんが北京から帰ってきた）

⑥ 我在自由市场买了双袜子。Wǒ zài zìyóu shìchǎng mǎile shuāng wàzi.（わたしはフリー・マーケットで靴下を一足買った）

⑦ 昨天我们骑自行车去北海了。Zuótiān wǒmen qí zìxíngchē

qù Běihǎi le.（昨日わたしたちは自転車で北海公園に行った）

⑧瞧，谁来了？Qiáo, shéi lái le?（ねえ，だれが来たと思う）

⑨谁跑出教室去了？——王振。Shéi pǎochu jiàoshì qu le ?——Wáng Zhèn.（だれが教室から走って出て行ったの——王振です）

文によっては時間も場所も出てきますが，全体を一つの情報として示しているわけで，どこかを強調していっているわけではありません。⑧と⑨についても，ダレガに焦点があるのではなく，できごと全体が問題になっています。ただ，どうも動詞によって，

⑩谁吃了？ Shéi chī le?

のように，純粋の疑問と反語（だれが食べたというの）になる場合と，

⑪谁干了？ Shéi gàn le?（だれがやったというの）

⑫谁说了？ Shéi shuō le?（だれがいったというの）

のように，反語にしかならない場合があるようです。この場合純粋の疑問は"（是）～的"構文を使って，

⑬谁干的？（だれがやったの）

⑭谁说的？（だれがいったの）

ということになります。

"是～的"構文の焦点の中に「理由」が入っていないことも注意が必要です。つまり，同じ"怎么"でも，方式を表す"怎么"は"是～的"構文をとるのに，理由を表すほうの"怎么"は"了"とともに使い，この構文に入らないことです。

⑮你怎么来的？Nǐ zěnme lái de?（どうやって来たの）〈方式〉

⑯你怎么来了？Nǐ zěnme lái le?（なぜ来たの）〈理由〉

また，

⑰你（是）第一次来北京吗？Nǐ shì dì yī cì lái Běijīng ma?
（北京へ来たのは初めてですか）

は「初めて」を強調しているようなのに"是～的"構文を使いません。「順序」もフォーカスがあたらないということでしょうか。

（荒川清秀）

Q 59. "拿包裹去"の意味解釈

ある辞書に"拿"ná の例文として，

拿包裹去 ná bāoguǒ qù ＝小包を受け取りに行く

とありました。この例文は「小包を持って行く」という意味にならないのでしょうか。また他の辞書では"想回家拿小瓶去"xiǎng huí jiā ná xiǎopíng qùという例が出ていましたが，この場合も「家へ小さな瓶を取りに帰ろうとおもう」という意味でした。"拿小瓶去"は「瓶を持って行く」とは解釈されないのでしょうか。

A

《现代汉语词典》で"拿"を引くと，

用手或用其它方式抓住、搬动（东西）

〔yòng shǒu huò yòng qítā fāngshì zhuāzhù, bāndòng (dōngxi)

（手やその他のやりかたで，モノをつかみ，動かす）〕

とあります。「動作主」agent は人間，「被動作主」patient はモノですが，モノXが初めに位置する場所，これを「出発点」originとしましょう。モノXは目の前にあるときもあれば，遠くにあるときもあります。つまり，次のような二つの場合があります。

A義：動作主の近くにあるモノをどこかへ持って行く。

B義:動作主が(どこかへ行き)モノを受け取る。

ご質問の"拿包裹去"はA, B両義があります。話しことばではストレスの位置が異なります。"去""拿"のように太字がストレスをおいて読まれるところ。●は動作主の位置するところ。○は行き先。Xはモノ。

A:拿　包裹　**去**　　＜図１＞　●Ｘ─→○
B:**拿**　包裹　去　　＜図２＞　●─→○Ｘ

どこにストレスをおいていわれるか,これが目安の一つです。

しかし,この表現はふつうは辞書にありましたように,B義に解されるのが自然なようです。つまり"拿包裹去"という文は"**拿**包裹去"のように"拿"にストレスをおき,あとの"去"は軽く読まれます。

もしＡ義「小包を持って行く」であればふつうは次のような別の表現をとります。

①你拿着包裹去。Nǐ názhe bāoguǒ qù. (あなたは小包をもっていきなさい)

②我把包裹拿走吧。Wǒ bǎ bāoguǒ názǒu ba. (私が小包をもってゆきましょう)

あるいはいっそ,"拿"ではなく,動詞"带"dàiを使ってしまいます。

③你带着包裹去。Nǐ dàizhe bāoguǒ qù.

④我把包裹带走吧。Wǒ bǎ bāoguǒ dàizǒu ba.

次に名詞の性質も関係します。モノＸが「上から,あるいは公的機関から発給,支給されるもの」であれば「受け取る」と訳されます。たとえば「給料」や「ボーナス」「生活費」などです。

⑤我上月没去拿奖金。Wǒ shàngyue méi qù ná jiǎngjīn.（私は先月ボーナスをもらいにゆかなかった）

⑥他去拿工资了。Tā qù ná gōngzī le.（彼は給料をとりにいった）

⑦请大家排好队，按着顺序拿救济粮。Qǐng dàjiā páihǎo duì, ànzhe shùnxù ná jiùjìliáng.（皆さんちゃんと並んで下さい，順序よく救援の食料をもらって下さい）

これを図3のように示し，Xに支給という性質+hがあると考え，X+hと表します。

＜図3＞

中国では「新聞」「手紙」のたぐいも職場の守衛室などに「受け取り」にゆきます。ご質問の「小包」もそうです。小包は配達してくれず，郵便局から通知が来，その通知と身分証明書をもって取りに行くのが一般的です。

さらに，中国ではスイカやリンゴ等を，職場が安く手に入れて職員によく支給しますから，いろいろな名詞が+hを帯びます。

もし，名詞自体にこのような性質+hがなくても，よそへの移動が示されていればB義になります。

⑧我去拿东西。Wǒ qù ná dōngxi.（ものをとりにゆく）

⑨想回家拿小瓶去。Xiǎng huí jiā ná xiǎopíng qù.（家に小瓶をとりにかえりたい）

⑩到报社拿稿纸去。Dào bàoshè ná gǎozhǐ qù.（新聞社に原稿用紙をとりにゆく）

正式にというか，紛れなく「受け取る」というときには"领"lǐngや"取"qǔを使います。"拿"はやや口語的です。

"拿"したモノをドコへ持って行くのかという「目的地」

destination はあまり意識されないようですが，目的地を示す場合は次のように後ろにきます。

⑪我想把这个瓶子拿回家。Wǒ xiǎng bǎ zhège píngzi náhuí jiā.
（この小瓶を家にもってゆきたい）

もちろんＡ義になります。

(相原　茂)

Q 60. "很大发展"？

北京語言学院（現在の北京語言文化大学）で作られた教科書の日本語版（『実用漢語課本』2，東方書店）で学んでいますが，練習問題に"有了很大发展" yǒule hěn dà fāzhǎn, "有了很大提高" yǒule hěn dà tígāo という言い方が出てきました。形容詞に"很"などが付いているときは"的"de を加えて"很大的发展""很大的提高"とするのだと思っていましたが，どうなのでしょうか。

A

『実用漢語課本』の説明にも「形容詞構造が定語となるときには必ず"的"を加えなければならない」とありますから（形容詞が"多"duō, "少"shǎo の場合は例外。"很多朋友"hěn duō péngyou, "不少工作"bù shǎo gōngzuò のように後に必ずしも"的"を必要としない），上のようなご質問が出るのは当然といえましょう。たしかにこの教科書はじめ文法書にあるように，以下の例の左のようにはいえても，右のように"的"を加えずにいうことはできません。

① 很大的苹果 hěn dà de píngguǒ　①' *很大苹果
② 很大的窗户 hěn dà de chuānghu　②' *很大窗户

しかし,ご質問のような例も実はさほどめずらしくないのです。いくつかあげてみると,

 ③ 通过学习,我们有<u>很大收获</u>。Tōngguò xuéxí, wǒmen yǒu hěn dà shōuhuò.（学習を通じて、私たちは大きな収穫を得た）

 ④ 他在学习上、生活上、给了我<u>很大帮助</u>。Tā zài xuéxí shang、shēnghuó shang, gěile wǒ hěn dà bāngzhù.（彼は学習面と生活面で私たちをとても助けてくれた）

 ⑤ 他下了<u>很大决心</u>，非学好汉语不可。Tā xiàle hěn dà juéxīn, fēi xuéhǎo Hànyǔ bùkě.（彼は必ず中国語をマスターするという大きな決心をした）

 ⑥ ……，对党的建设提出了<u>更高要求</u>。……, duì dǎng de jiànshè tíchūle gèng gāo yāoqiú.（……，党の建設に対し、さらに高い要求を出した）

 ⑦ ……，石油天然气工业的投入也有<u>较大增长</u>。……, shíyóu tiānránqì gōngyè de tóurù yě yǒu jiào dà zēngzhǎng.（石油天然ガス工業の生産もわりと大きな伸びがあった）

 ⑧ 我国在……方面取得了<u>很大进展</u>。Wǒ guó zài …… fāngmiàn qǔdéle hěn dà jìnzhǎn.（わが国は……の方面で大きな進展を取得した）

このうち、⑥〜⑧は中国の新聞《人民日報》にあったもので、紙面にはこのような例が少なくありません。このほかにも、"较快发展" jiào kuài fāzhǎn（わりと早い発展）、"更大贡献" gèng dà gòngxiàn（さらに大きな貢献）、"更大胜利" gèng dà shènglì（さらに大きな勝利）、"很大变化" hěn dà biànhuà（大きな変化）、"很大希望" hěn dà xīwàng（大きな希望）などが見られます。

すでにお気づきかと思いますが、"发展" fāzhǎn, "收获" shōuhuò はじめこれら被修飾語に共通していえるのは、上の場合のように

名詞として機能する一方、これらはまた、

　⑨収获了大量苹果 shōuhuòle dàliàng píngguǒ（大量のリンゴを収穫した）

　⑩决心学好汉语 juéxīn xuéhǎo Hànyǔ（中国語をマスターすると決心する）

　⑪发展旅游事业 fāzhǎn lǚyóu shìyè（観光事業を発展させる）

などのように動詞として使われる、つまり動詞と名詞の２類を兼ねる（"兼类" jiānlèi）単語であり、しかも名詞として使われる場合、具体的事物ではない、抽象的事物を指すという点でしょう。

同教科書の課文のほうには"的"を加えた"有了很大的发展"が採用されていますが、同様に上の例などでも"的"を加えた言い方と同時に"的"を伴わない形が見られるという現象をとりあえず指摘しておきたいと思います。なお、同じ形容詞フレーズでも、

　⑫*比较大发展　　比较大的发展 bǐjiào dà de fāzhǎn
　　　　　　　　　（わりと大きい発展）

　⑬*很严重处分　　很严重的处分 hěn yánzhòng de chǔfèn
　　　　　　　　　（きびしい処分）

左のような例が見当たらないことからその音節数も条件となるようです。また、"兼类"ではない抽象名詞を修飾するものとしてはよく使われる"<u>很长时间没见了！</u>"Hěn cháng shíjiān méi jiàn le!（長いあいだお会いしませんでした）のほかに、"较高水平"jiào gāo shuǐpíng（比較的高い水準）、"很大成果"hěn dà chéngguǒ（大きな成果）などで"的"を伴わない言い方が許容される、という中国人がいることも報告しておきます。

　　　　　　　　　　　　　　　　　　　　　（喜多山幸子）

Q 61.「キレイニスル」方策

「高イ」とか「低イ」あるいは「キレイ」などを動詞化して「高クスル」とか「低クスル」「キレイニスル」という意味にするときは中国語ではどうするのですか。何かきまった方法があれば教えてください。

A
日本語では形容詞の後に「-メル」を付加して「高メル／低メル」あるいは「-クスル」を付けて「高クスル／低クスル／キレイニスル」のように簡単に動詞化することができます。中国語にもこのような，ある状態や性質への移行・変化を表せる決まった文法的な方策があればよいのですが，残念ながらありません。

ただ，形容詞というのは動詞の仲間でもありますから，次に示すように"了"leとか"着"zheを付けるぐらいのことで動態化されてしまうといった事実があります。

[A] 红了脸 hóngle liǎn（顔を赤らめる）

低着头 dīzhe tóu（頭を低くする）

大着胆子 dàzhe dǎnzi（肝っ玉を大きくする）

低着声音 dīzhe shēngyīn（声を低める）

どのぐらいの数の形容詞が，上のように"了／着"を付けて，後に目的語も伴えるのかといえば，常用形容詞の三分の一ぐらいといわれますから相当な数です。

しかし，"红了脸"がいえるからといって「ツメを赤くした」を"红了指甲" hóngle zhǐjiaとするわけにはゆきません。つまり，「形容詞＋目的語」の組み合わせにはある相性といいますか，熟語性が濃厚なのです。この点はよく〈形容詞の動詞化〉として取り沙

汰される次のようないくつかのもの：

[B] ① 加‐： 加快 jiākuài　加深 jiāshēn　加强 jiāqiáng
　　　　　　加重 jiāzhòng
　　② 放‐： 放慢 fàngmàn　放宽 fàngkuān　放松 fàngsōng
　　　　　　放低 fàngdī
　　③ 提‐： 提高 tígāo　提早 tízǎo
　　④ 弄‐： 弄高 nònggāo　弄脏 nòngzāng　弄长 nòngcháng

についても同様です。いずれも「はやめる」「深める」など形容詞がその前にある成分を付加され，動詞化していますが，これらがいかなる目的語と結合し，どういう意味で使われるかを熟知しておかねばなりません。

　ただ，上の例において形容詞はいずれも2音節目に位置しており，結果補語と見ることもできます。つまり「動詞＋結果補語」という形である状態や性質への移行を表しているということになります。すると，「キレイニスル」なども，いかなる動作を経て「キレイ」という性質へ移行するのかに着目して表現すればよいということになります。たとえば「テーブルをきれいにしなさい」なら，

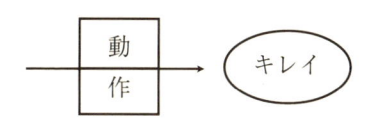

動作 ⟶ キレイ

"把桌子擦干净" bǎ zhuōzi cāgānjìng とすればよいでしょう。要は適切な動詞を補ってやることです。"洗干净" xǐgānjìng，"扫干净" sǎogānjìng，"收拾干净" shōushigānjìng などなど。「ツメを赤くした」なら "染红了指甲" rǎnhóngle zhǐjia です。

　B類の "加‐，放‐，提‐，弄‐" などは動詞の意味が空虚であるため機能辞的に見えるわけでしょうし，一方，A類が動詞を要

しないのは目的語が譲渡不可能所有（*inalienable possession*）名詞であるため，特別の動作が不要だから，つまり自発的にそういう状態になれるからだと説明されそうです。　　　　　　（相原　茂）

Q 62. 話を伝える相手は？

ある辞典(A)で，

"给我传个话儿" gěi wǒ chuán ge huàr

"请你给我递个口信儿。" Qǐng nǐ gěi wǒ dì ge kǒuxìnr.

という例文がそれぞれ「私の話を伝えてくれ」「私の伝言を伝えて下さい」と訳されていました。これらは「私に話を（伝言を）伝えてくれ（下さい）」とはならないのでしょうか。(B)の辞書には"给他递个口信"が「彼に伝言する」と訳されていました。はじめの例からいえば「彼の伝言を伝えてやる」と訳せる理屈です。"给我""给他"でこの違いが生じるのでしょうか。それとも前後関係で両方ありうるのでしょうか。

A

結論からいえば，どちらの辞書の訳も間違いありません。例文をできる限り短く切り詰めることと，複数ある解釈のうちの一つを取って訳文とするという，いわば辞書の宿命によるところから生じた違いと言えましょう。

①给我传个话儿　gěi wǒ chuán ge huàr

を例に取ると，まず"给"に続く"我"をモノの受け取り手とするならば，例文の意味は「私に話を伝える」となります。

もう一つの訳である「私の話を伝える」ですが，これは"给我"を"为我" wèi wǒ（私のために），"替我" tì wǒ（私に代わって）

と取り,

　　私に代わって（私の）話を（人に）伝える

と解釈した結果です。

　文脈から前者の意味にしか解釈されない例を一つあげると,

　　②我曾经给你寄过一张照片，收到了吗？Wǒ céngjīng gěi nǐ jìguo yì zhāng zhàopiàn, shōudao le ma?（私は以前あなたに写真を一枚送ったことがあるけど,受け取りましたか？）

　後者は相手にものを頼む, 依頼する（"委托" wěituō）文としてよく出てきます。

　　③要是可以，请你给我寄封信。Yàoshi kěyǐ, qǐng nǐ gěi wǒ jì fēng xìn.（よかったら代わりに手紙を一通出してください）

"给他""给你"も同様で, ご質問の,

　　④给他递个口信儿 gěi tā dì ge kǒuxìnr

は「彼に伝言する」のほかに「彼に代わって伝言する」とも取れ,それは質問者の「彼の伝言を伝えてやる」という訳に行き着きます。同様に,

　　⑤我给你说 wǒ gěi nǐ shuō

は「私はあなたにいう」のほかに, たとえば「（もしあなたがいいにくいなら）私が代わりにいってあげる」ともなります。

　このように複数の解釈が可能で, 文脈がないとどの意味か決定できないという多義性（"歧义" qíyì）はどうして生じるのか考えてみましょう。

　上記の文に使われている動詞を見ると,

　　传 chuán　　伝える　　　　递 dì　　手渡す；伝える
　　寄 jì　　　　送る　　　　　说 shuō　話す

など, 一方からもう一方へという方向性がうかがえます。そのことからこれら動詞の目的語である物や伝達物が"给"に続く受け

取り手に向かって移動することになります。これで「aにbを与える」という一つ目の意味が生じ，一方では"给"が"为""替"の意味を持つことによってもう一つの意味が生じてきます。

ですから使われている動詞に方向性がうかがえなければ，一つ目の意味は生じず，二つ目の意味にしか解釈できなくなります。

⑥她给我当翻译 tā gěi wǒ dāng fānyì　（彼女が私の通訳になってくれる）

⑦医生给他治病 yīshēng gěi tā zhìbìng　（医者は彼の病気を治す）

（喜多山幸子）

7

否定と疑問

Q 63. 選択疑問文はどこをくりかえす

わたしは"你喝茶还是喝咖啡？" Nǐ hē chá háishi hē kāfēi? と習ったのですが，ある中国の人から"你喝茶还是咖啡？"といわれたことがあります。どちらでもいいのでしょうか。このことも含め，"还是"を使った選択疑問文の，くりかえす部分の法則について教えてください。

A

選択疑問文については，中国言語学界の長老であった呂叔湘が，つぎのように述べています。(《中国语文》1985年4期)

(1)疑問点が動詞より前にあるときは，疑問点以後の成分をくりかえす。

(2)疑問点が動詞より後にあるときも，動詞から後をくりかえす。

(3)疑問点が数量にあるときは，数量から後をくりかえせばいい。

ただ，この問題は地域や年齢によって反応が違い，一律にこれだけが正しいとはいえないところがあります。まず，

① 你<u>明天</u>去还是<u>后天</u>去？ Nǐ míngtiān qù háishi hòutiān qù?
(明日行きますか，それともあさって行きますか)

② 你去还是我去？Nǐ qù háishi wǒ qù？（あなたが行きますか，それともわたしが行きますか）

のように，(1)の，疑問点が動詞より前にあるとき，疑問点以下をくりかえす，というのはあまり異論がありません。

しかし，(2)については共通語でも地域によってどうもちがいがあるようです。たとえば，ご質問のような場合，北方の人は，

③ a. 你喝茶还是喝咖啡？

のように，動詞自身もくりかえすのに対し，上海の人が話す共通語などでは，

③ b. 你喝茶还是咖啡？

のようにいうのがふつうだからです。

もっとも，動詞をくりかえすことを規範的と考える北方の人の間でも，最近は目的語だけをいれかえるbの言い方も広まってきているようです。考えてみれば，くらべるところは目的語のところなのですから，そこだけを入れ換えるほうが合理的なのかもしれません。

動詞の前に動詞や助動詞がくる，

④ a. 你喜欢吃鱼还是喜欢吃肉？Nǐ xǐhuan chī yú háishi xǐhuan chī ròu？（魚が好きですかそれとも肉が好きですか）

⑤ a. 你想去故宫还是想去长城？Nǐ xiǎng qù Gùgōng háishi xiǎng qù Chángchéng？（故宮へ行きたいですか，それとも万里の長城へ行きたいですか）

のような場合も"喜欢"や"想"以下をくりかえすのが規範的なようですが，次のような言い方をふつうだと考える人もいます。

④ b. 你喜欢吃鱼还是　　吃肉？
　　c. 你喜欢吃鱼还是　　　肉？
⑤ b. 你想去故宫还是　　去长城？

c. 你想去故宫还是　　　长城？

(3)の疑問点が数量にある場合，たとえば，

⑥ a. 这药一天吃两次还是吃三次？Zhèi yào yì tiān chī liǎng cì háishi chī sān cì?

　　b. 这药一天吃两次还是　三次？

のようなケースでも同じことがいえます。もっとも，

⑦ 你先吃饭还是先洗澡？Nǐ xiān chī fàn háishi xiān xǐzǎo?
（先にご飯にしますか，それともお風呂にしますか）

のように動詞の前に副詞がくる場合は，くらべるものが動詞の部分でも，副詞からくりかえさなくてはなりません。副詞は時間詞などとちがい，動詞にぴったりくっついているからです。これは，

⑧ ＊你先吃不吃饭？

⑨ ＊你也来不来？

がいえないことにもつながっています。

（荒川清秀）

Q 64. 介詞フレーズを含む文を否定するとき

「私は彼と一緒に行かない」は"我不跟他一起去。" Wǒ bù gēn tā yìqǐ qù といいますが，「私は彼と違う」はなぜ"我跟他不一样。" Wǒ gēn tā bù yíyàng と"不"が後ろにくるのでしょうか。

A

この問題は"跟"や"离"lí，"从"cóng などの介詞＋目的語からなる「介詞フレーズ」が文中に含まれているとき，その文を否定する場合，否定辞"不"の位置はどこになるか，というふうに一般化することができます。たとえば次の三つの文：

① 我跟他一起去。Wǒ gēn tā yìqǐ qù.

(私は彼と一緒にゆく)

② 我跟他一样。Wǒ gēn tā yíyàng. (私は彼と同じだ)

③ 学校离这儿远。Xuéxiào lí zhèr yuǎn. (学校はここから遠い)

これを否定すると次のようになります。

①' a. 我<u>不</u>跟他一起　去。

　　b.* 我　跟他一起<u>不</u>去。

②' a. 我<u>不</u>跟他　一样。

　　b. 我　跟他<u>不</u>一样。

③' a.* 学校<u>不</u>离这儿　远。

　　b. 学校　离这儿<u>不</u>远。

ご覧のように①は"不"を介詞フレーズの前におかねばなりません。ところが，③は"不"を介詞フレーズの後ろにおかねばなりません。また，②は介詞フレーズの前においても，後ろにおいても文は成立します。但し，② b のように後ろにおく形：

②' b. 我　跟他<u>不</u>一样。

のほうが自然です。

一般に，"一样" yíyàng や"相同" xiāngtóng (同じだ)，"相似" xiāngsì (似ている) など「同じか否か」を表す形容詞は，"不"による否定形が a, b 共に許容されます。

④ a.这个<u>不</u>跟那个相同。Zhèige bù gēn nèige xiāngtóng.

　　(これはあれと同じでない)

　　b.这个跟那个<u>不</u>相同。Zhèige gēn nèige bù xiāngtóng.

　　(これはあれと同じでない)

そして，こちらも b のほうが自然です。

結論をいえば，介詞フレーズの後に続く述語が形容詞であれば，ふつう，"不"はその形容詞を否定します。

⑤ 他跟我不亲热。Tā gēn wǒ bù qīnrè.（彼は私と親しくない）

厳密な意味で形容詞でなくても，それが［＋静態的］であるもの，つまり非動作的であれば，やはり"不"はその述語を否定します。

⑥ 我跟这个人不相识。Wǒ gēn zhèige rén bù xiāngshí.（私はその方を存じあげません）

これに対して，述語が動作動詞であれば一般に"不"は介詞フレーズの前におかれます。

⑦ a. 我不给他打电话。Wǒ bù gěi tā dǎ diànhuà.
　　b.＊我给他不打电话。

⑧ a. 我不向他学习。Wǒ bú xiàng tā xuéxí.
　　b.＊我向他不学习。

かくて，以上から次のような傾向を導くことができます。

　　　　　　┌静態的 ──→ "不"を後ろに
　述語 ──┤
　　　　　　└動態的 ──→ "不"を前に

この図式は非常に大雑把な傾向を述べたもので，これから外れるケースもあります。

⑨ a. 不在家吃饭　bú zài jiā chīfàn
　　　（家で食事しない，［外でする］）
　　b. 在家不吃饭　zài jiā bù chīfàn
　　　（家では飯は食べない，［メン類を食べる］）

しかし，大きな傾向として上の図式を覚えておくことは有用でしょう。

(相原　茂)

Q 65. 使役の否定は？

"她让我进去。" Tā ràng wǒ jìnqu.（かの女はわたしを中

にいれる) の否定は"她不让我进去。"(かの女はわたしを中にいれてくれない) だと思うのですが，"她让我不进去。"とは言えないのでしょうか。また，"她没让我进去。"という否定もあるのでしょうか。

A たしかに使役の否定は，おっしゃるように使役の動詞である"叫"jiào，"让"ràngを否定します。しかし，ご質問のように2番目の動詞を否定する例はないかというと，ないわけではありません。

まず，使役の構文では2番目の動詞，つまり〈"叫／让"＋目＋V〉のVの位置に形容詞のくるものがありますが，これだと次のような例が成立します。

①这种态度真叫人不高兴。Zhèi zhǒng tàidu zhēn jiào rén bù gāoxìng.（この種の態度は本当に人を不愉快にさせる）

②妻子的病让丈夫很不安。Qīzi de bìng ràng zhàngfu hěn bù'ān.（妻の病気は夫の気持ちを落ち着かせない）

③这个孩子总叫人不放心。Zhèige háizi zǒng jiào rén bú fàngxīn.（この子はいつも人を心配させる）

これらでは感情を表す形容詞（あるいは動詞）の否定がそれ自身ある状態を示していますので，そういう状態にさせるということで，使役の第2動詞の位置にこられるのです。

もう一つは第2動詞の位置に可能補語，あるいは助動詞を伴った動詞がくる場合です。

④我要叫他开不成后门。Wǒ yào jiào tā kāibuchéng hòumén.（わたしはあいつに裏口をあけられないようにしてやる）

⑤这件事会叫他父母抬不起头来。Zhèi jiàn shì huì jiào tā fùmǔ táibuqǐ tóulai.（このことでかれの両親は世間に顔を

向けられないだろう）

⑤这段生活让人永远不会忘记。Zhèi duàn shēnghuó ràng rén yǒngyuǎn bú huì wàngjì.（この時期の生活は永遠に忘れることはないだろう）

⑥他的英雄事迹使我久久不能平静。Tā de yīngxióng shìjì shǐ wǒ jiǔjiǔ bù néng píngjìng.（かれの英雄的な行為にわたしの心はなかなか静まらなかった）

ご質問の文でも，

⑦他故意让我进不去。Tā gùyì ràng wǒ jìnbuqù.（かれはわざとわたしを入れないようにした）

とすれば可能です。可能補語の否定形にせよ助動詞の否定にせよ，動作そのものではなく，ある状態を示しているので使役に使えるのでしょう。

さて次に，使役の構文が"没"で否定できるかという質問ですが，これも可能です。

⑧她没让我进去。Tā méi ràng wǒ jìnqu.

この意味は「かの女はわたしに中に入らせなかった」あるいは「入るようには言わなかった」となります。一般に使役は「～させる」「～してもらう」が対応すると理解しているでしょうが，中国語の使役にはもう一つ命令文を間接化する働きがあります。つまり，「～に～するよういう」という日本語に対応するものです。

⑨李老师叫你去。Lǐ lǎoshī jiào nǐ qù.（李先生があなたに来るよういっています／李先生はあなたを行かせるそうです）

⑩校长让我向您问好。Xiàozhǎng ràng wǒ xiàng nín wènhǎo.（校長からよろしくとのことです）

使役はだれかになにかをさせるわけですが，それはことばや行

動で示されます。「～するよういう」と訳したほうが自然な例があるのはそのためです。ただ，中国語としてはことばの使役と行動による使役は一体化していますので，いつも両者をはっきり分けられるわけではありません。⑧が両方にとれるのはそのためです。しかし，下のような文脈をあたえれば「命令の間接化」にしかとれません。

⑪我没让你来,你怎么来了？ Wǒ méi ràng nǐ lái, nǐ zěnme lái le?（君に来いといってないのに，君はどうして来たのか）

第2動詞の前には禁止の副詞もくることができますが，これも命令の間接化という考え方をすれば理解は容易でしょう。

⑫他让我别去。Tā ràng wǒ bié qù.（かれはわたしに行くなといった）

また，次の例は親などが，いうことをきかずけがをした子どもを叱るときのせりふです。ここでも"让～不"となっています。

⑬谁让你不听话,活该。Shéi ràng nǐ bù tīnghuà, huógāi.（いうことを聞かないからよ，罰があたったのよ）

(荒川清秀)

Q 66. "比"構文，後ろに"不"

"比"bǐを用いた比較文の否定形は，

＊他比我不高。

などとは言わず，"他不比我高"tā bù bǐ wǒ gāoとか"他没有我高"tā méiyou wǒ gāoのようにいうと教わりました。しかし，この間，老舎の小説を読んでいたら，

不是！那个淹死小妞子的龙须沟！它比谁不厉害？您怎么不

管！Bú shì! Nèige yānsǐ Xiǎoniūzi de Lóngxūgōu! Tā bǐ shéi bú lìhai? Nín zěnme bù guǎn!(ちがう！ あの女を溺れ死なせたあの龍須溝め！ あいつは誰よりもひどい, どうしてあれをほっておくんだ？)　　　（老舎《龙须沟》）

という文にぶつかりました。これは後に"不厉害"という否定形式の語が現れている例だと思うのですが, ご教示ください。

A まず原則的なことから申しあげれば, 典型的な"比"構文:
　他　比　我　高
　A＋比＋B＋「比較の結果」
において, 述語である"高"つまり「比較の結果」は一般に肯定形で表されます。これはそもそも"比"構文というものが, Aについて, "比B"という形で比較の対象Bをもち出し, 両者を比べた結果, Aなる事物・情況が, <u>Bを凌駕している性質</u>を有しているというものだからです。AはBを「凌駕している／超えている」わけですから,

　①A 比 B 高。（高さで凌駕）
　②A 比 B 矮。（低さで凌駕）

は許されますが, 次のように述語が否定形は許されません。

　①' *A 比 B 不高 。
　②' *A 比 B 不矮 。

従って, ①や②の否定形は, "A 不比 B 高"或いは"A 没有 B 高"とするわけです（"不比"型と"没有"型否定の違いについては, また別に検討すべき問題）。いずれにしても,

　③A 不 [比 B 高]
　④A 没有 [B 高]

のように否定辞が前置してあれば、否定されるのは〔(比) B 高〕であり、"比"構文における述語 VP は一般に肯定形であるという原則は破られていません。

しかし、この原則にもいくつか例外があります、その一つがお示しのような反語文の場合です。たとえば、

⑤何新华：（有点儿挂火儿）妈，您可别瞎说。Hé Xīnhuá：(yǒudiǎnr guàhuǒr) Mā, nín kě bié xiāshuō.（何新華：〔少し腹を立てて〕お母さん、へんなこと言わないでよ）

孔繁星：新华，什么话呢？咱妈比谁不开通？Kǒng Fánxīng：Xīnhuá, shénme huà ye? Zán mā bǐ shéi bù kāitōng?（孔繁星：新華、何を言うの？　私たちのお母さん、誰よりも話がわかる人じゃなくって？）

（苏叔阳《家庭大事》）

これも反語文、かつ"比"の目的語は"谁"です。私の手元にある数個の用例はいずれも"比谁不～"という形式の反語文です。

反語文はやや特殊な例といえましょうが、このほかにも次のような例があります。

⑥你不要娇气，你男人比我还不如！Nǐ bú yào jiāoqi, nǐ nánrén bǐ wǒ hái bùrú!（そんなにふんぞり返らないでよ、あんたの旦那さんなんか私にも及ばないんだから）

（鲁迅《在酒楼上》）

この場合は"不如"で一語で、"不如"の"不"だけを前へもってゆくことはできません。つまり、形式はなるほど"不 X"と否定形のようですが、完全に一語という場合です。

さらに、"不 X"で意味概念上一語相当になるものとしては、X が〔＋評価〕の形容詞の場合に思い至ります。事実、次のような

例はいずれも OK です。

⑦这儿比那儿更不安全。Zhèr bǐ nàr gèng bù ānquán.（ここはあそこよりさらに危険だ）

⑧你比他还不听话。Nǐ bǐ tā hái bù tīnghuà.（君は彼よりさらにいうことをきかない）

"不安全"は「危険である」,"不听话"は「いうことをきかない」です。統辞論上は"不X"はフレーズであっても，意味論的には"不"とXは融合し，一語相当の意味概念を表すといってよいものです。ただし，このような場合，副詞の"更"や"还"が不可欠です。

(相原 茂)

Q 67. "吃不了"には二つの意味がある？

"〜不了"buliǎo には「〜しきれない」「〜するはずはない」のほか，単に「〜できない」という意味があると習ったのですが，同じ一つの動詞でいくつもの意味をもつことはないのでしょうか。また，「〜しきれない」の"〜不了"と"〜不完"buwán には違いがあるのでしょうか。

A

おっしゃるように文法書によっては，"〜不了"について次のような説明をしています。

(a) 〜しきれない。吃不了 chībuliǎo（食べきれない），拿不了 nábuliǎo（持ちきれない）

(b) 〜するはずがない。忘不了 wàngbuliǎo（忘れっこない），错不了 cuòbuliǎo（まちがいっこない）

(c) 〜できない。来不了 láibuliǎo（来られない）

しかし,"吃不了"などは,つぎのように二つの意味があるようにみえます。

① 这么多菜我吃不了。Zhème duō cài wǒ chībuliǎo.（こんなにたくさんの料理食べ切れない）

② 吃不了剩下吧。Chībuliǎo shèngxia ba.（食べ切れなければ残しなさい）

③ 牙不好吃不了硬的。Yá bù hǎo chībuliǎo yìng de.（歯が悪いので固いものは食べられない）

④ 她牙疼,吃不了饭。Tā yá téng, chībuliǎo fàn.（彼女は歯が痛いのでご飯が食べられない）

⑤ 这碗饭馊了,吃不了了。Zhèi wǎn fàn sōu le, chībuliǎo le.（このご飯はすえたので食べられなくなった）

①②は「～しきれない」,③④⑤は単に「～できない」という例にみえます。しかし,「～しきれない」の意味を表している①②を"～不完"で置き換えることはできません。"～不完"と"～不了"には違いがあるというべきでしょう。劉月華等編の《实用现代汉语语法》p.361にはつぎのような例があがっています。

⑥ 今天晚上我有事,看不完这本书了。Jīntiān wǎnshang wǒ yǒu shì, kànbuwán zhèi běn shū le.（今晩は用ができて,この本を読み切れなくなった）

⑦ 今天晚上我有事,看不了这本书了。Jīntiān wǎnshang wǒ yǒu shì, kànbuliǎo zhèi běn shū le.（今晩は用ができて,この本を読めなくなった）

⑥は「読み切れなくなった」,⑦は「読む」という行為そのものができなくなったことを意味します。もし,"看不了"に二つの意味があるとすれば,上のような使い分けはしなくていいはずです。一方,"～不完"の例,

⑧我心里的话，一天一夜说不完。Wǒ xīn li de huà, yì tiān yí yè shuōbuwán.（心の中のことは一日一晩かけても話しきれない）

⑨这课内容太多，一次上不完。Zhèi kè nèiróng tài duō, yí cì shàngbuwán.（この課の内容は多すぎて，一度では終わらない）

⑩这活儿我一个星期干不完。Zhèi huór wǒ yí ge xīngqī gànbuwán.（この仕事は一週間では終わらない）

を"～不了"で置き換えることもできません。もし，いおうとするなら，つぎのような文脈が必要でしょう。

⑪这课内容太深，我上不了。Zhèi kè nèiróng tài shēn, wǒ shàngbuliǎo.（この課の内容は深いので，わたしは授業ができない）

⑫这活儿我一个人干不了。Zhèi huór wǒ yí ge rén gànbuliǎo.（この仕事はわたし一人ではできない）

つまり，"～不完"はある時間，回数内での可能・不可能を問題にしているのに対し，"～不了"のほうは能力を問題にしているといえるでしょう。

したがって，①②と③～⑤が違ってみえるのも文脈のせいでしょうし，(a)から(c)が違ってみえるのも動詞自身の意味の違いからきていると考えることができます。"～不了"自身にいくつもの意味があるからではないでしょう。"拿不了"にしても，「持てない」原因というのは量が多いからにほかならないからです。重い場合は"拿不动"nábudòngという可能補語が用意されています。つぎの⑬と⑭も"说不了"にちがいがあるとはいえないでしょう。

⑬我嗓子坏了，说不了话。Wǒ sǎngzi huài le, shuōbuliǎo huà.（のどをこわして話ができない）

⑭孩子才两岁，还说不了很多话。Háizi cái liǎng suì, hái shuōbuliǎo hěn duō huà.（子どもはまだ二歳なので，まだたくさんことばを話せない）

(荒川清秀)

Q 68. 絶滅寸前!? "不可以"

「ここでたばこを吸ってはいけません」という文を，

　这儿不可以吸烟。Zhèr bù kěyǐ xīyān.

と訳したら，中国人の先生に"不可以"よりも"不能"bù néngのほうがよいといわれました。

　私は，上の文はどこかで習った記憶があります。絶対に正しいと思うのですが。

A 助動詞の否定形はなかなかむずかしいテーマです。

「ここでタバコを吸ってもかまいません」という文なら，"可以"を使って，

　①这儿可以吸烟。Zhèr kěyǐ xīyān.

で問題ありません。ところがこの否定は，

　A：这儿不可以吸烟。Zhèr bù kěyǐ xīyān.

　B：这儿不能吸烟。Zhèr bù néng xīyān.

の二つの形があります。どちらも文法的に正しい文ですが，実際のところ，Bの"不能"のほうがよく使われ，Aの"不可以"はほとんど使われないというのが現状です。

　実は私もAのような文をテキストに載せたことがありますし，学生の頃，先生からこういう文を学んだ記憶があります。ですからA文は間違いではありませんが，Bにとって代わられているよ

うなのです。

北京語言学院（現在は北京語言文化大学と言います）の教科書などにはAのような文が出てきます。あるとき，語言学院の先生にたずねたら，笑いながら，「ええ，このいい方は，語言学院の中だけ，留学生の間だけに棲息している珍しい文です」と愉快そうに答えてくれました。

北京出身の私の学生にたずねたところ，彼女もめったに"不可以"は使わないとのこと。使うとすれば，次のように，一度いっても聞かない相手に語気を強くしてもう一度いうときだそうです。要するに第一発話としては"不可以"は使わないということです。

②这儿不能吸烟。…… 这儿<u>不可以</u>吸烟，你不知道吗？ Zhèr bù néng xīyān …… Zhèr bù kěyǐ xīyān, nǐ bù zhīdào ma?
（ここはたばこは吸えませんよ。ここはたばこは吸っちゃいけないんですよ，あんた知らないの!?）

しかし，強く禁止する場合でもあえて"不可以"に登場ねがわずとも，役者はほかにもそろっています。

③这儿 | 不准 / 不许 / 禁止 | 吸烟。

"不准" bùzhǔn，"不许" bùxǔ，"禁止" jìnzhǐ の3役にお願いすればよいわけで，"不可以"は不要です。

このように不許可・禁止を表す"不可以"はほとんど出番がないわけですが，もう一つ「実現可能」を表す用法の"可以"はどうでしょうか。たとえば次のような例：

④你明天可以来吗？ Nǐ míngtiān kěyǐ lái ma?
（明日これますか）

これに，否定で答えれば，

⑤我明天不能来。Wǒ míngtiān bù néng lái.

（明日はこれません）

⑥＊我明天不可以来。

やはり"不能"を使います。かくて「実現可能」のほうも「許可」のほうも、どちらも否定は"不能"が断然優勢、"不可以"は絶滅寸前というわけです。

ただ、最近は香港、マカオの返還などで南方の影響を受けてか、いきなり、

⑦你不可以这样说。Nǐ bù kěyǐ zhèyàng shuō.（そんなふうにいってはいけない）

などという若い人も増えつつあるそうです。　　　　　　（相原　茂）

Q 69. 否定は"不行"一色

中国からの留学生たちと、遊びに出かけたとき、そのうちの一人が、用事があるので、先に帰りたいといい出しました。

我有事儿先回去,可以吗？ Wǒ yǒu shìr xiān huíqu, kěyǐ ma?

それに対して、みんなで記念写真をとってからにしてくださいという意味で、

不可以，等照完相再回去吧。Bù kěyǐ, děng zhàowán xiàng zài huíqu ba.

といいました。"可以"でたずねられたので、"不可以"で答えましたが、これではおかしいそうなのです。ノーを表すのに"不可以"はまずいのでしょうか。

A 結論から申し上げますと、ここは"不可以"でなく"不行"のほうがよいのです。

不行，等照完相再回去吧。Bùxíng, děng zhàowán xiàng zài huíqu ba.

"不可以"は「絶対に許されない」という完全な禁止です。譲歩の余地なし（Q68参照）。あまりにきつすぎます。ここでは、写真を撮りさえすれば帰ってもよいというぐらいのことですから、軽い禁止の"不行"を使います。

さて、「後付け疑問文」とでもいうべき、このタイプの疑問文では"可以吗"のほかにも"行吗"や"好吗"などを文末につけることができます。

①让我看看，行吗？Ràng wǒ kànkan, xíng ma?
　——行。Xíng.
②让我看看，可以吗？Ràng wǒ kànkan, kěyǐ ma?
　——可以。Kěyǐ.
③让我看看，好吗？Ràng wǒ kànkan, hǎo ma?
　——好。Hǎo.

意味はいずれも「私に見せてくれませんか」です。これに対する肯定の答えは、それぞれ矢印の右のように、"行"で聞かれたら"行"で、"可以"で聞かれたら"可以"で、"好"で聞かれたら"好"で答えるのが原則です。

このように肯定の場合は色とりどりなのです。ところが、*no* という場合、つまり否定はすべて"不行"一色になってしまいます。

①' 让我看看，行吗？
　——不行。
②' 让我看看，可以吗？

──→ 不行。
　③' 让我看看，好吗？
　　　──→ 不行。
これは，「助動詞の肯定形はいろいろあり，ニュアンスの違いを表し得るが，否定形となると，特定の代表的なものに収斂してしまう」という現象を思い起こさせます。
　但し，次のようなケースもありますから要注意です。
　④現在去，好吗？ Xiànzài qù, hǎo ma?
　　　──→ 不行／不好。Bùxíng／Bù hǎo.
これは"不行"でも"不好"でもOKです。この理由は"好"の二義性によります。

～好吗？ ┬ 1 よいか？＜許可を請う＞
　　　　 └ 2 よいか？＜良いか悪いかを問う＞

つまり，"～好吗？2"は文字通り「良いか」と聞いているわけで，「今ゆくのは良くない，時期が悪い」という時に"不好"で答えるわけです。
　こういう場合もありますが，総じて「～してよいか」と許可を求められたら，その否定は"不行"と心得ておきましょう。
　面白いことに，この"不行"は述語にしかなれず，定語（連帯修飾語）になれません。
　⑤＊不行的人（だめな人）
述語といっても，文中で後に動詞をとることはできません。
　⑥＊在电车里不行吸烟。（電車の中でたばこをすってはいけません）
つまり助動詞とはちがうわけです。この文，正しくは"不能"を使い，"在电车里不能吸烟。"Zài diànchē li bù néng xīyān と言います。但し，補語になることはできます。

⑦大夫，我头疼得不行。Dàifu, wǒ tóu téngde bùxíng.（先生，頭痛がひどくてたまりません）

この"不行"は程度がひどいことを表す用法です。

[参考]《现代汉语常用词用法词典》北京语言学院出版社，1995年

（相原　茂）

Q 70. "别"と"不许"

「動くな」というときには，"别动" bié dòng，"不许动" bùxǔ dòng のように，"别"も"不许"も使うことができるのに，「関係者以外は立ち入り禁止」という意味の文を，"别"を使っていったところ，"不许"に直されました。"别"と"不许"とでは，どのような違いがあるのでしょうか。

A

"别"は日本語で「〜するな」，"不许"は「〜してはならない」というふうに訳されることが多いようですが，この日本語訳を並べてみても分かるように，両者は結果的には，〈禁止〉というような，非常に近い意味を表しています。しかし，この二つには，用法に違いの出てくる場合があり，ご質問の例も，その一つの場合ということになります。

"别"も"不许"も，二人称の主語をとることができます。ご質問の"别动""不许动"の場合も，形の上では現れていないものの，意味的には二人称の主語"你" nǐ をとっていると考えられるので，両方とも用いることができているわけです。

ところが，主語が二人称ではなく，"非有关人员" fēi yǒuguān rényuán（関係者以外）のような，三人称の場合は事情が違ってき

ます。このような主語をとる場合, "不许"は用いることができますが, "别"は用いることができないのです。即ち「関係者以外は立ち入り禁止」という場合,

① 非有关人员不许入内。Fēi yǒuguān rényuán bùxǔ rù nèi.

というのが正しく,

②*非有关人员别入内。

ということはできません。ですから, かりに日本語で,「関係者以外は入るな」と,「～するな」という形が用いられていても, 直訳して"别"の形を使うことはできず, "不许"の形に変えて訳すということになります。

ご質問の点以外にも, "别"と"不许"には用法の違いがあります。特に目立つのは語順についての違いです。

"不许"は, 主語の前にも後にも現れることができます。たとえば,

③ 你不许去。Nǐ bùxǔ qù. (行ってはいけない)

とも,

④ 不许你去。Bùxǔ nǐ qù.

ともいうことができます。一方"别"は, 主語の後に現れることはできますが, 主語の前に現れることができません。即ち,

⑤ 你别去。Nǐ bié qù.

ということはできますが,

⑥*别你去。

ということはできません。このような"别""不许"などの, 副詞(あるいは助動詞)の語順などについて詳しいことを知りたい方は, 劉月華他著《实用现代汉语语法》(外语教学与研究出版社)や, 呂叔湘他編《现代汉语八百词》(商务印书馆)などを参照するとよいでしょう。

(玄 宜青)

Q 71. "不能～"と"～不了"

「～することができない」と言いたいときに,中国語では"不能～"bùnéng と"～不了"buliǎo の両方が使える場合があるようですが,その使い方や意味に違いはあるのでしょうか。

A

ご存知のように,日本語の「～することができる」「～することができない」は中国語では,"能"néng,"可以"kěyǐ,"～得了"deliao,"～得下"dexia とその否定形"不能"bù néng,"不可以"bù kěyǐ,"～不了"buliǎo,"～不下"buxià などがその意味を分担しています。ここでその全部をみることは難しいので,ご質問にあった,

「～することができない」——"不能～""～不了"

を中心に考えてみたいと思います。

まず"～不了"には「～しきれない」という意味がありますね。

① 我吃不了这么多的菜。 Wǒ chībuliǎo zhème duō de cài.

(こんなたくさんの料理は食べきれない)

このような「全量を～することができない」という意味を表す"～不了"を使っている場合には"不能"を使用することはできません(この"～不了"に似ているものとして,"～不下"などもあります)。

このほかに,"不能"と互換して使用できる"～不了"もあります。たとえば,

② a. 下午有事儿不能去。 Xiàwǔ yǒushìr bù néng qù.

b. 下午有事儿去不了。 Xiàwǔ yǒushìr qùbuliǎo.

このa,bはいずれも,

午後は用事があって行くことができない。

のようになります。しかし次の文はどうでしょうか。

 ③ 这是违法的事情，我不能帮你的忙。 Zhè shì wéifǎ de shìqing, wǒ bù néng bāng nǐ de máng. （これは違法なことで、お手伝いすることはできません）

この③の文の"不能帮你的忙"を"帮不了你的忙"のように変えることはできません。また、

 ④ 我脚疼，一个小时走不了五公里。Wǒ jiǎo téng, yí ge xiǎoshí zǒubuliǎo wǔ gōnglǐ. （足が痛くて、1時間に5キロ歩くことはできません）

の中の"走不了五公里"を"不能走五公里"に変えることもできません。

これはおそらく、③の文における「お手伝いすることはできません」は話し手自身の意志によって決定したことであるという意味を表しており、④の文における「5キロ歩くことはできない」は自分の意志というより、ある客観的な条件があって、仮に自分にその意志があっても実現できないという意味を表しているからでしょう。④のような意味の文で、次のような例もあります。

 ⑤ 这是事实，你想掩盖也掩盖不了。 Zhè shì shìshí, nǐ xiǎng yǎngài yě yǎngàibuliǎo. （これは事実であり、隠そうとしても、隠すことができない）

この場合も"不能"を使うことはできません。

従って②の場合、依頼を断るようなときには、"～不了"を使うｂのほうが、やわらかい断り方ということになりますね。

（玄　宜青）

Q 72.「〜してはいけないのか」の訳し方

「たばこを吸ってはいけません」は"不要吸烟。"Bú yào xīyān と訳すことができると思いますが,「たばこを吸ってはいけないのですか」を"是不是不要吸烟？"と訳したら"是不是不许吸烟？"Shìbushì bù xǔ xīyān? に直されました。どうしてでしょうか。

A
日本語の「〜してはいけません」にあたる中国語としては,およそ"别"bié,"不要"bú yào,"不许"bù xǔ などが考えられます。これらの形は,話し手が聞き手に対してあることを禁止するという場面では,おおむね同じように使えます。たとえば,

① 别说话 bié shuōhuà
② 不要说话 bú yào shuōhuà
③ 不许说话 bù xǔ shuōhuà

の3つは,話し手が聞き手におしゃべりすることを禁止するという意味で使うことができます。

しかし一方で,これらの形が,別の場面では,用法を異にすることもあるのです。たとえばご質問のような疑問文の場合ですが,このときは,

④ 不许说话吗？
⑤ 是不是不许说话？

という言い方は可能ですが,

⑥＊别说话吗？
⑦＊是不是别说话？
⑧＊不要说话？
⑨＊是不是不要说话？

とはいえません。

　実は日本語にも似たようなことがあります。日本語で話し手が聞き手にあることを禁止する，という場面では，「～してはいけません」のほかに，「～するな」「～しないでください」などの形を使うこともできます。しかし疑問文の形になると，たとえば，

　　おしゃべりをしてはいけませんか。

とはいえても，

　　＊おしゃべりするなか。

　　＊おしゃべりしないでくださいか。

などと言うことはできません。その意味で，「～するな」「～しないでください」は"別""不要"に似ており，「～してはいけません」は"不许"に似ていると言うことができるでしょう。"別""不要"と"不许"との間にはこのほかにも違いがあり，たとえばこれらが三人称の主語をとる場合，

　　⑩ 非有关人员不许入内。Fēi yǒuguān rényuán bùxǔ rù nèi.

とはいえますが，

　　⑪＊非有关人员别入内

　　⑫＊非有关人员不要入内

ということはできません（"非有关人员不要入内"のほうは使う人も若干いそうですが，標準的な中国語としてはあまりおすすめできません）。

　ちなみに，以上の用例の中の"不许"のかわりに，"不能"を使うことが可能です。両者のニュアンスの違いはあまり明らかではありませんが，"不能"のほうが控え目な言い方だと感じる人が多いようです。

　　　　　　　　　　　　　　　　　　　　　　　（玄　宜青）

Q 73. "这是多少钱？"はなぜいけない？

テストで「これはいくらですか」というのを"这是多少钱？"と書いたら，"这个多少钱？"Zhège duōshao qián?と直されました。なぜ"是"をいれてはいけないのでしょう。

A
"是"は名詞が述語になるときに必要なものだということは，入門の最初に習います。"多少钱"は名詞で終わっていますし，

①你有多少钱？Nǐ yǒu duōshao qián?（お金をいくら持っていますか）

②一天挣多少钱？Yì tiān zhèng duōshao qián?（一日いくらかせぎますか）

のように，動詞の目的語にもなりますから，"多少钱"全体が名詞性をもっていると考えるのは自然なことです。しかし，"这是多少钱？"はいえません。なぜでしょう。

"多少钱"に対応する答えは，"五块(钱)"のようになりますが，これは数量詞（＋名詞）という構造です。数量詞が述語にくる文といえば，入門段階でも，つぎのような例を習います。

③明天八号。Míngtiān bā hào.（明日は八日だ）

④现在三点(钟)。Xiànzài sān diǎn (zhōng).（今三時です）

⑤今年三十岁。Jīnnián sānshí suì.（今年三十です）

問題の"多少钱"は③～⑤の例，特に④に似ています。ところで，③～⑤は"是"をつけずにいうのがふつうですが，"是"をいれることも可能です。しかし，"这是多少钱？"のほうはやはり不自然です。

テキストの買物などの場面では，お金を受け取った店員さんがおつりをわたすときの，つぎのようなセリフがよく出てきます。

⑥这是十块钱,找您三块。Zhè shì shí kuài qián, zhǎo nín sān kuài.（これは十元ですから，おつりを三元お渡しします）

ここではなぜ"是"がはいっているのでしょう。それはこの"钱"がモノとしてのお金を指しているからです。これに対し,「いくらですか」というときの"钱"はモノとしてのお金ではなく,価値という抽象的なものを表しているのです。その意味では,モノとしての時計の"钟"が,時間という抽象的な関係にも使われるのに似ています。しかし,"几点钟？"Jǐ diǎn zhōng?のほうはトキそのものであって,モノとしての時計を指すことはありません。価値としての"多少钱"が"是"を拒否するのは,モノとしてのそれとのまぎらわしさを避けるためではないでしょうか（この点からいうと,例の①②などはその中間か,むしろモノよりなのでしょう）。

数量詞を含む名詞述語文は,肯定形が自然なカタチなのですが,否定でいおうとすると"不是"によるものが多いので,肯定形でも,"是"が省略されていると説明されたりしますが,肯定と否定とは,かならずしも対応しているわけではありません。たとえば価値としてのお金の例も否定でいおうとすれば,

⑦这个不是五块钱。Zhèige bú shì wǔ kuài qián.（これは5元ではない）

と,"不是"を使わざるをえませんし,

⑧他四岁。Tā sì suì.（彼は四歳です）

などは,

⑨他不是四岁,他是五岁。Tā bú shì sì suì tā shì wǔ suì.
（かれは四歳ではありません，五歳です。）

⑩他没有四岁。Tā méi yǒu sì suì.（かれは四歳に達していない）

⑪他不到四岁。Tā bú dào sì suì.

のように"不是"でも"没有"でも否定することができます。⑩⑪は，その数に達していないという表現です。

（荒川清秀）

8

一歩すすんだ表現を

Q 74.「よろしくお願いします」

人に何かを頼んだときに"拜托了。"Bàituō le とか"麻烦你了。"Máfan nǐ le といいますが、何か使い分けがあるのでしょうか。

A

"拜托了。"、"麻烦你了。"それに"请您多多指教了。"Qǐng nín duōduō zhǐjiào の三つをとりあげましょう。まず、

①麻烦你了。

は直訳すれば「あなたを煩わせます──ご面倒をおかけします」ということです。

②"拜托了。"

のほうは「依頼したこと、あなたにおまかせします」というニュアンスに近くなります。

この二つ、どちらが丁寧かというと"麻烦你了。"のほうです。これは目上の人に対しても使うことができます。

③麻烦您帮我看看这篇论文。Máfan nín bāng wǒ kànkan zhèi piān lùnwén.（すみませんがこの論文みていただけますか）

これに対して、"拜托"のほうは同輩ないしはそれ以下の人に使うのがふつうです。

④拜托你帮我发封信。Bàituō nǐ bāng wǒ fā fēng xìn.（手紙を出しておいてください）

⑤拜托你回北京帮我买本书。Bàituō nǐ huí Běijīng bāng wǒ mǎi běn shū.（すまないけど北京で本を買ってきてよ）

"拜托了！"といえば，「じゃ，まかせたよ」という友達同士の活きのいい会話の場面を髣髴とさせます。気の置けない友達，同輩，仲間との会話に使うわけです。もちろん，

⑥拜托您了。Bàituō nín le.

と"您"を用いれば丁寧さは増しますが，"麻烦您了。"Máfan nín le の丁重さには及びません。逆にいえば"麻烦您了。"は，そう親しくない人に対して用います。見知らぬ他人や目上の人です。

同じく依頼といっても，教えを請うような場合は"指教"zhǐjiào がふさわしくなります。

⑦请您多多指教。Qǐng nín duōduō zhǐjiào.（よろしく御指教ください）

これは後に目的語をとることはできません。具体的な内容は前に置くことになります。

⑧这是我的论文，请您多多指教。Zhè shì wǒ de lùnwén, qǐng nín duōduō zhǐjiào.（これはわたしの論文です，御指教のほどよろしくお願いいたします）

一般的な「どうぞよろしく」なら，

⑨请您多多关照。Qǐng nín duōduō guānzhào.（どうぞよろしく）

を使います。これはお世話になりますという，初対面の挨拶で日本人が多用するものです。次の形でテキストなどでおなじみでしょう。

⑩ 初次见面，请多关照。Chūcì jiànmiàn, qǐng duō guānzhào.

(はじめまして,どうぞよろしく)

さて,"麻烦你了。"は今お願いして,それをすぐにやってもらうことも可能ですが,"拜托了。"のほうはふつうこれから先のことです。さらに依頼内容も少し大げさなことです。たとえば息子の就職についてお願いしたとか,仕事を頼んだとかは"拜托了。"です。

したがって,ちょっと窓をあけてくれませんかなら,今すぐやってもらう軽いことですから,

⑪麻烦您,开开窗户好吗？ Máfan nín, kāikai chuānghu hǎo ma?

で十分です。こういうことに"拜托了。"を使うのは仰々しい感じです。

もう一つ,次のような用法もあります。

⑫你别抽烟了,行不行？拜托了。Nǐ bié chōuyān le, xíng buxíng? Bàituō le. (たばこを吸うのをやめていただけませんか。お願いします)

何か要求事項をいった後に"拜托了。"と添えています。「頼むよ」ということですが,多く「不愉快な気分」が込められます。この場合もたばこの煙が迷惑なのでしょう。

(相原　茂)

Q 75. 雨降り7態

"下雨"xià yǔ（雨が降る）に関する表現についていまだにあやふやなことが多く,ご回答願えればと存じます。

"下雨了。"

"下起雨来了。"

"雨下得越来越大了。"

……

よろしくお願い申し上げます。

A ご質問のように雨に関する表現にはいろいろありますが、ここではそれらがいったいどんな場面で使われるのか、という面から見ていきたいと思います。

① "下雨了。" Xià yǔ le. （〔あ〕雨だ）
外を歩いていたら、雨がポツポツと来たとき、部屋の中からふと外を見たら雨になっていたとき、また屋根をたたく雨音が耳に入って、雨になったことを知ったときなどには"下雨了。"のようにいいます。雨が降ってきたことや雨に気づいたとき、このことばが口から出ます。

② "下起雨来了。" Xiàqi yǔ lai le. （〔あっ〕雨が降ってきた）
上記の"下雨了。"と同じ場面でこのようにもいいますが、場面は同じでも雨が降ってきたのが予想外のことで、意外であるというときにこういいます。雨を予想していなかったのですから、雨の降ることによって何らかの支障が生じることがままあります。たとえば傘を持って出てこなかったのでぬれてしまうとか、外で遊ぼうと思っていたのに行けなくなったなど。それで雨が降ってきたことに対して迷惑だ、困ったという感情がこの"下起雨来了。"にこもることが往々にしてあります。

③ "雨下起来了。" Yǔ xiàqilai le. （〔やっぱり〕雨が降ってきた）
どんよりと雲が垂れ込めているので降るかなと思っていたら案の定雨になった、日照りが続いて雨が降るのを今か今かと待っていたところとうとう降ってきたなど、予想や期待が実現したとき、

また弱い雨が降っていたのが本降りに変わったというときなどにも"雨下起来了。"が使われます。話し手の頭の中にすでに前提として雨があるときにいわれます。

　④雨下得越来越大了。Yǔ xiàde yuè lái yuè dà le.（雨がますます激しくなってきた）

　⑤雨大了。Yǔ dà le.（雨が強くなった）

は雨の降り方がこれまでよりも強く変化したこと，そしてそれが時間の経過とともにエスカレートして来たことをいいます。

　⑥下雨呢。Xià yǔ ne.（雨が降っています）

電話で「そちらのお天気は？」と聞かれたときなどにはこういいます。雨が降っているという事実を述べるときに使われます。

　⑦下着雨呢。Xiàzhe yǔ ne.（雨が降っているんですよ）

電話の向こうに何か音が聞こえるので「何の音？」と聞いたときの答え，また「外に遊びに行こうよ」と誘われたときの返答などでいわれます。「今まさに雨が降っているのだ」ということを相手にはっきり伝え，教える言い方です。「外へ遊びに行こうよ」に対して"外面下着雨呢。"Wàimiàn xiàzhe yǔ ne.（外，雨が降ってるのよ）といえばそれで「遊びに行くのはちょっと…」という返事になります。

（喜多山幸子）

Q76. "快请吃吧。"と"请快吃吧。"

テキストに"快请吃吧。"Kuài qǐng chī ba という表現がありました。これは"请快吃吧。"Qǐng kuài chī ba に言い換えることもできるようですが，二つの表現はどう違うのか教えてください。

A

確かに両方ともいいますが，しかし，使い方に多少違いがみられます。

"快请吃吧。"は"请快吃吧。"と比べて使用の範囲が狭く，大体まだ食べていない相手に「さあ，どうぞ召し上がってください」と勧めるときに用いられる表現なのです。すでに食べている人に対して，「はやく食べてください」と催促するときには，"快请吃吧。"は使えません。

つまり，"快请～"タイプの表現は相手に何かを勧め，言外に「遠慮しないで」という意味も含め，いわば日本語の「さあ，～してください」といったような用法に相当する表現ということができます。もっとも典型的な使い方としてご質問の"快请吃吧。"のほかに，

①快请坐吧！ Kuài qǐng zuò ba （さあ，どうぞお座り下さい）
②快请进吧！ Kuài qǐng jìn ba （さあ，どうぞお入り下さい）

のような例があげられるでしょう。

一方，"请快吃吧。"は相手にはやく動作をするように催促する表現であるので，相手がまだ食べていないときには「すぐに食事にとりかかってください」の意味になり，食べている最中であれば，スピードアップを要求する表現になります。要するに，"请快～"の"快"は主として速度に重きを置くのに対し，"快请～"の"快"は速度云々とは必ずしも関係がありません。現に"请快吃吧。"では"快"のかわりに，同じ「はやく」の意味である"快点儿" kuài diǎnr を用いてもいいのですが，"快请吃吧"では"快"は"快点儿"に置き換えることはできません。

③请快点儿吃吧！ Qǐng kuài diǎnr chī ba （はやく食べてく

ださい)

？④快点儿请吃吧！

ところで，同じ「～してください」の表現でも，その行為が相手のためになる場合と自分のためになる場合とがありますが，仮に前者を「勧めの表現」とし，後者を「依頼表現」(注)というならば，"快请～"は勧めの表現に結びつきやすいでしょう。先にあげた例文でもほとんど相手のための行為です。しかし，自分のために，何かしてもらうように依頼する場合は逆に"快请～"よりも，"请快～"を用いるのがふつうでしょう。

⑤请快告诉我吧！ Qǐng kuài gàosu wǒ ba （はやく教えてください）

？⑥快请告诉我吧！

⑦请快回答我吧！ Qǐng kuài huídá wǒ ba （はやく答えてください）

？⑧快请回答我吧！

このように，"快请～"は"请快～"と比べて使われる範囲が限られていることがお分かりいただけたでしょう。

〔注〕木村英樹「依頼表現の日中対照」(『日本語学』1987年10月号) が参考になります。

(楊　凱栄)

Q 77. "不是～吗？"と"是不是～？"

「～じゃないか」(「～ではないか」) という表現を，中国語では"不是～吗？"bú shì ～ ma に訳すと教わった記憶がありますが，ときどきうまく訳せないことがあります。どうしてでしょうか。

A 「～じゃないか」(「～ではないか」「～じゃない？」などありますが, 以下では「～じゃないか」の形で代表させます) は, 確かに"不是～吗？"のように訳されることがあります。たとえば次のような場合です。

①行かないといったじゃないか。

──我不是说不去了吗？"Wǒ bú shì shuō bú qù le ma?

②本は机の上に置いてあるじゃないか。

──书不是在桌子上吗？"Shū bú shì zài zhuōzi shang ma?

このように, ①や②のような場合は"不是～吗？"の形で訳すことができます。しかし, 次のような場合はどうでしょうか。

③このようなことは両親に相談したほうがいいんじゃないか。

──这种事情是不是和父母商量一下为好？"Zhè zhǒng shìqíng shìbushì hé fùmǔ shāngliang yíxià wéi hǎo?

④熱でもあるんじゃないか。

──你是不是发烧了？"Nǐ shìbushì fāshāo le?

この③と④は"不是～吗？"の形で訳すことができず, 上掲のように"是不是～？"の形に訳すことになります。

それでは①②と③④は, それぞれなにについて聞いているのでしょうか。まず①②のような場合について考えてみましょう。①において話し手は,「行かないといった」ことが本当のことであるかどうかを問題にしているのではなく (即ち行かないといったことが本当のことであると信じており), むしろ聞き手にそのことを知っているかどうかを確かめていると考えられます。①のような例文が,「(そのことを) 知っているはずなのに」というニュアンスで用いられることが多いのは, そのためです。また, ②に

ついても同じで,「本が置いてあること」を知っているかどうかを聞いていると考えられます。

一方の③④の場合ですが,③において話し手は,文中で述べている「両親に相談するほうがよいのでは」ということを聞き手に聞いており,また④においても,「本当は熱があるのでは」ということを聞いていると考えられます。即ち,これらのことについて話し手はあまりよく知らないのです。

以上のように"不是～吗？"と"是不是～？"は,それぞれ異なったことについて聞き手が聞いていることが分かります。即ち"不是～吗？"のほうは,述べている事柄について聞き手が知っているかどうかを聞いているのですが,一方の"是不是～？"は述べている事柄が本当であるかどうかを聞いているのです。従って,後者には推量の意味があるとも考えられます。そこで,すでにお気付きかと思いますが,この"是不是～？"のような形は"～吧"に書き換えることができますが,"不是～吗？"は"～吧"に置き換えることができません。

(玄 宜青)

Q 78. "是吗？"と"是不是？"

中国語の"是吗？" shìma? と"是不是？" shìbushì? はいずれも「そうですか」と訳すことができるようですが,会話の受け答えとして使用した場合に,この２つに違いがあるのでしょうか。

A まず受け答えの用法以外の用法からみてみましょう。確かに"是吗？""是不是？"はどちらも「そうですか」と訳される

ことがありますが，使い方には違いがあるようです。たとえば，

①A: 小张要去美国留学。Xiǎo-Zhāng yào qù Měiguó liúxué.
(張さんはアメリカに留学します)

B: 真的？Zhēn de? (本当ですか)

A: (張さんに向かって) 是不是？Shìbushì? (そうでしょう)

のような場合があります。このような「確認」を表す"是不是？"は"是吗？"に置き換えできませんし，日本語に訳すときも「そうですか」にはなりません。また，

②A: 小王明天不去。Xiǎo-Wáng míngtiān bú qù. (王さんは明日は行きません)

B: (王さんが行くと思っており，王さんに向かって) "是吗？" (そうですか)

このような場合も「確認」しており，この場合は"是不是？"に置き換えられません。

次は受け答えの用法をみてみましょう。

③A: 李小姐今天不来了。Lǐ xiǎojie jīntiān bù lái le. (李さんは今日は来ません)

B: 是吗？她刚才打电话告诉我她马上就来。Shì ma? Tā gāngcái dǎ diànhuà gàosu wǒ tā mǎshàng jiù lái. (そうですか。さっき私のところに電話があって，すぐ来るといっていましたよ)

Bの受け答えは否定的な受け答えになっていますが，このような場合にはやはり"是不是？"は使えません。このように②と③には受け答えであるかどうかの違いがありますが，「疑い」「否定的」という点から，"是不是？"に置き換えできません。

④A: 田中,这个苹果真甜。Tiánzhōng, zhèige píngguǒ zhēntián.
(田中さん，このリンゴは甘いですね)

B:（田中）:是不是？没说错吧。Shìbushì? Méi shuōcuò ba.（そうでしょう。いったとおりでしょう）

この受け答えは肯定的な答えになっていますが，このような場合は①と同様に"是吗？"を使うことはできません。

しかし，次のような受け答えの例はどうでしょうか。

⑤A: 那家超市的东西又便宜又好。Nàjiā chāoshì de dōngxi yòu piányi yòu hǎo.（あのスーパーのものは安いし質もよい）

B: 是吗？Shì ma?（そうですか）

このような場合は，一応は相手の会話に対して，肯定的でも否定的でもない受け答えをしています。このよな場合は筆者は"是不是"に置き換えられないと思っていましたが，最近の中国のテレビドラマでは頻繁に使用されていることに気づき，たいへん気になりましたので，複数の中国語話者に確かめてみました。その結果，意見がわれました。すべての中国語話者が許容しているわけではありませんが，方言の影響を考えても⑤のような肯定的でも否定的でもない受け答えにおいては，"是吗"と"是不是"が同じように「そうですか」として使われていることがあり，少なくとも一部では同じ面があると認められているようです。　　（玄 宜青）

Q 79. "你能原谅我吗？"

「明日，来られますか。」といいたいとき，"你明天能来吗？" Nǐ míngtiān néng lái ma?, "你明天能来不能来？" Nǐ míngtiān néng lái bù néng lái? のどちらでもよいようですが，「許していただけますか」を "*你能原谅不能原谅我？" と

いったら，友人に変だといわれました。本当に変でしょうか。

A

確かにこのような場合は，

① 你能原谅我吗？ Nǐ néng yuánliàng wǒ ma?

といわなければならないようです。「このような場合」とは，話し手が相手に許してもらえないかもしれないと心配しているような場合です。すなわち"吗"を除いた部分，"你能原谅我"の部分が実現しないのではないかという予測・懸念をもつ場合です。このような場合には"吗"疑問文しか用いられず，

②＊你能原谅不能原谅我？

のような反復疑問文を用いることは難しいようです。従って「明日来られますか」というときでも，来られないことを心配して「ぜひ来てほしい」「来てもらわないと困る」という含みのある場合などは，

③ 你明天能来不能来？

は不自然に感じられ，

④ 你明天能来吗？

を用いるほうが適切なようです。

「明日来られますか」が"吗"疑問文と反復疑問文のどちらでもよい場合というのは，純粋に相手のスケジュールについて聞くというような，「来るのではないか」とか「来ないのではないか」などの実現・非実現に関して偏った予測・懸念をもっていない場合です。

実現しないのではないかという予測・懸念をもつ場合に"吗"疑問文を用いるのに対し，実現するのではないかという予測・懸念をもつ場合は反復疑問文が用いられます。たとえば紛失するこ

とを心配していう場合には,

⑤ 会不会丢了？ Huì bú huì diū le? (なくさないでしょうか)
のように反復疑問文が用いられ,

⑥ 会丢了吗？ Huì diū le ma?
は用いられにくいようです。

"吗"疑問文と反復疑問文の使い分けについては,このほかに,丁寧さに関するものが指摘されています。たとえばあいさつで,

⑦ 你身体好吗？ Nǐ shēntǐ hǎo ma?
ということができますが,

⑧ *你身体好不好？
とは通常いいません。これは"吗"疑問文のほうが丁寧であって,あいさつという丁寧さが要求される場面では,丁寧さに欠ける反復疑問文が使いにくいのだと説明されることがあります。但し,いつでも"吗"疑問文のほうが反復疑問文よりも丁寧だというわけでもなく,冒頭の文"你明天能来吗？"と"你明天能来不能来？"を比べた場合に,特に丁寧さに差があるとは感じられません。たとえば目上の人に対し,

⑨ 您明天能来不能来？ Nín míngtiān néng lái bù néng lái?
と使ったからといって,特に失礼にあたるということもないようです。

以上のような説明ですが,"您能原谅我吗？" （玄 宜青）

Q 80. 人を動かす

"公司调他来京工作。"Gōngsī diào tā lái Jīng gōngzuòはどう訳したら良いでしょうか。辞書にのっている"调"の訳で

一番あてはまりそうなのは「派遣する」だと思うのですが、それならよく知っている"派"pàiがあります。辞書の説明を読むと、違いがなんとなくわかるような気もするのですが、まだぼんやりしています。

A 中国の方にとっては用法もニュアンスもまったく異なる単語どうしが、辞書をたよりに学んでいる私達にとっては、その違いが分かりにくいことがよくあります。特に異なる単語に同じ日本語の訳があてられているようなときには困ってしまいます。上の二つは類義語ほど近くもありませんが、辞書の不足を補うつもりで見てみましょう。

まず"调"は「移動する」、つまり人やモノをあるトコロから別のトコロへ動かすことを表しますが、

① 经理调来一名技术员。Jīnglǐ diàolai yì míng jìshùyuán.（社長は技術者を一人引っぱってきた）

② 他被调到边疆来。Tā bèi diàodào biānjiāng lai.（彼は辺境に配属されてきた）

のように、職場や地位、勤務地など仕事上の異動をいうときに使われます。"调职"diàozhí,"调工作"diào gōngzuòならば「転職する、転任する」ことを表します。

もうお分かりとは思いますが、ご質問の文は、「彼は北京に転勤してきた」「彼は北京での仕事に配属された」という意味になりましょうか。同じような例をあげると、

③ 学校调他来做西餐。Xuéxiào diào tā lái zuò xīcān.（学校は彼を洋食を作るポストに異動させた）

"调"は仕事上の配置がえのほかに、

④ 调了一支军队 diàole yì zhī jūnduì（一隊の軍隊を移動させ

た)

⑤从上海调点货 cóng Shànghǎi diào diǎn huò(上海から品物を調達する)

など,モノの配置がえのときにも使われます。

一方,"派"は人やモノを「つかわす」「あたえる」ことを表しています。

⑥公司派他到国外工作了。Gōngsī pài tā dào guówài gōngzuò le.(会社は彼を国外へ仕事に派遣した)

⑦这个公司已经派出去十个人了。Zhèige gōngsī yǐngjing pàichuqu shí ge rén le.(この会社はすでに10人を派遣した)

人をつかわすのは,そこに派遣しておこなわせる仕事,任務,使命などがあるからで,そのため"派"に続く目的語には次のようなヒトがよく現れるのもうなずけます。

大使 dàshǐ

留学生 liúxuéshēng

使节 shǐjié(使節)

代表团 dàibiǎotuán(代表団)

医生 yīshēng(医者)

专家 zhuānjiā(専門家)

援军 yuánjūn(援軍)

间谍 jiàndié(スパイ)

さて,"派"は二重目的語を取りますが,そのうちの直接目的語を見てみると,

⑧老师派我们每人一个任务。Lǎoshī pài wǒmen měi rén yí ge rènwu.(先生は我々に任務を一つずつ割りあてた)

の"任务"のほかに"工作"(仕事),"活儿"huór(仕事),"公差" gōngchāi(出張),"差使" chāishi(公務)など成し遂げるべきもの

として与えられた任務や仕事になっています。これは，ほかに"派"の取る目的語にある"派粮"pàiliáng，"派劳力"pàiláolì，"派款"pàikuǎnにも共通することで，大衆や地域ごと，機関ごとに食糧や労働力，寄付金の供出を割り当てることを表します。

(喜多山幸子)

Q 81. "能平安地回国了"はまだ帰国していないの？

中国旅行から帰り，中国でお世話になった友人への礼状に，「おかげ様で無事に帰国できました」のつもりで"托您的福,我能平安地回国了。"Tuō nín de fú, wǒ néng píng'ān de huí guó le と書いたら，すでに帰国した場合には"能平安地回国了"はおかしいといわれました。どこが間違っているのでしょうか。

A

まずこの表現の意味を確認しておきましょう。"能平安地回国了"は「無事に帰国できるようになった」という意味であり，「無事に帰国できた」という意味ではありません。したがって帰国したあとは当然使えません。

問題は"能"と"了"の組み合わせにあると思います。"了"には実は"了₁"と"了₂"の二つがあり，前者は「動作の完了」を表し，後者は「新たな事態の発生，変化」を表す語気詞です。両者の使い分けはなかなか難しいのですが，基本的には"了₁"は動詞のあとにつき，目的語があれば，動詞と目的語の間に入りますが，"了₂"は文末に用いられます。ただし，文末の"了"はすべて"了₂"のみとは限りません。たとえば，

①我已经吃了。Wǒ yǐjing chī le.（私はもう食べました）の場合，"了"は文末にあっても，直前が動詞であれば，動作の完了と同時に新しい情況の変化をも表し，いわば"了$_{1+2}$"と考えられます。しかし，「能願動詞」をもつ文では文末の"了"はすべて"了$_2$"となります。お尋ねの文には能願動詞の"能"が使われているため，文末の"了"は"了$_2$"になるわけです。つまり，"能～＋了$_2$（新たな事態）"──→「～できるようになった」ということになります。

そこで問題の表現の正しい言い方ですが，正解は必ずしも一つではありません。"能"を残したいのなら，"了"をとってしまって"能"の前に"才"cái を入れるべきでしょう。

②托您的福，我才能平安地回国。（おかげ様でやっと無事に帰国できました）

しかし，この文は一種の条件文としても用いられます。つまり「あなたのおかげがなければ，無事に帰国できるはずはありません」という意味にもなります。

そもそも"能"を用いて動作の完了を伴う可能表現（「～できた」）を表すには無理があるのです。といって中国語では表す方法がないわけではありません。よく用いられる方法として結果補語があげられます。この場合は"了"をつけることができます。つまり，「動詞＋結果補語＋"了"」の形をとるのです。たとえば「買えた」は"买到了"mǎidào le，「借りられた」は"借着了"jièzháo le といった具合です。この「動詞＋結果補語＋"了"」は動作の結果が実現したことを表すものであり，今問題にしている動作の完了を伴う可能表現にほぼ相当するといえます。ご質問の文もこの結果補語の形で表せばよいわけです。ただし，"回国"は"回到了国"とはいえません。これは単語の構成上結果補語がとれない

ので、"回到了日本" huídàole Rìběn のように直さなければなりません。

③ 托您的福，我已经平安地回到了日本。Tuō nín de fú, wǒ yǐjing píng'ān de huídàole Rìběn （おかげ様で日本に帰ることができました）

(楊　凱栄)

Q 82. 一匹の死んだカニ

王安憶の小説《本次列车终点站》を読んでいたら、「（彼女は）一匹の死んだカニだ」という表現がありました。それは、

真是死蟹一只。Zhēnshi sǐxiè yì zhī.

というものですが、どうして"死蟹一只"なのでしょうか。ふつうは"一只死蟹"だと思うのですが。

A
この表現は前から気になっていましたが、いまだによくわかりません。ただ、類似の表現を集めてみると、たいてい、人を悪く評価する言い方に多いようです。

笨蛋一个　bèndàn yí ge

草包一个　cǎobāo yí ge

废物一个　fèiwù yí ge

傻瓜一个　shǎguā yí ge

"笨蛋"から"傻瓜"まで「阿呆、まぬけ、役立たず、無能、ろくでなし」とひどいことばが並んでいます。この四つは、今問題にしている「名詞＋数量詞」という変わった語順をとる代表的な例です。ほかにも頻度は落ちますが、

胡涂虫一个　hútuchóng yí ge

马大哈一个　mǎdàhā yí ge

なども同様な例で，いずれも人を悪く評価するもので，"死蟹一只"もここに属します。なぜ"死蟹"sǐxièかといえば，カニはもともと硬い殻に覆われたもの，それが死ねば一層コチコチで融通がきかぬものに化してしまう。若々しさのかけらもない人の比喩に使われているのでしょう。

これらはすべて口語の，非常にくだけた物言いで，与太者風の若者が，相手をさも見限ったという口調で，ときに鼻先でせせら笑うように使うことが多いようです。

この表現，数量詞は常に"一个"や"一只"で，"两个"や"三只"はあり得ません。また，

①你呀，真是马大哈一个！ Nǐ ya, zhēnshi mǎdàhā yí ge!

（お前ときたら，まったく間抜けそのもの！）

のように，前によく"真是"（まったく）が付加されます。また，

②＊他不是马大哈一个。

③＊他是马大哈一个吗？

のように否定文や疑問文になることはありません。

"马大哈"や"死蟹、草包、废物"といった，いかにも刺激的なことばで人を規定し，かつそれで決まりと評定を下すこの表現は，有無をいわさぬ断定の語気を伴い，文も多くそこで一旦切れます。この点，次のような慣用句と一脈通じるものがありそうです。

死路一条　sǐlù yì tiáo（ゆき止まり；袋小路）

死水一潭　sǐshuǐ yì tán（どうしようもないよどみ）

なお，このほかに「名詞＋数量詞」というカタチがまったく現れないわけではありません。

④包子一斤，饺子两斤，皮蛋十个，……　bāozi yì jīn, jiǎozi

liǎng jīn, pídan shí ge, ……

⑤冰箱一台，电视两台，洗衣机一台，…… bīngxiāg yì tái, diàn shì liǎng tái, xǐyījī yì tái, ……

モノを数えあげるときや一つ一つ点検するときの言い方ですが，これらは上述のような特別な含意はなく，数詞は任意であり"一"に限りません。また"包子一斤"で文が終止することはなく，次々と数えあげ列挙してゆかねばならぬという違いがあります。そもそも名詞の性質もまったく異なり，こちらはご質問のそれとは異質の表現といえましょう。

(相原　茂)

Q 83. "烟酒不分家"

中国人の先生に，お酒の席などでたばこをすすめるとき，"你不用客气，烟酒不分家嘛！"Nǐ búyòng kèqi, yān jiǔ bù fēn jiā maのように言うと習いました。先生は"烟酒不分家"は，「たばことお酒は別々にならない，切り離せない」ということで，上の場面などで「お酒を飲むならたばこも吸いなさい」という意味で使う，と説明されましたが，あとで"烟酒不分家"を中日辞典で引いたところ，これとは異なる解釈が出ていました。いったいどちらが正しいのでしょうか。

A
中国で出版された"俗语"súyǔ（俗語）の辞典を見てみると，"抽烟喝酒，不要分是你的还是我的。说明烟酒常用在交际方面，在抽烟喝酒上，不要分彼此。"Chōu yān hē jiǔ, bú yào fēn shì nǐ de háishi wǒ de. Shuōmíng yān jiǔ cháng yòng zài jiāojì fāngmiàn, zài chōu yān hē jiǔ shang, búyào fēn bǐcǐ. と出ています。つまり，

人づきあいにおいて、たばこやお酒に相手の自分のという区別は不要である、ということで、中日辞典もこれと同様の説明です。また別の1冊には"谓抽烟喝酒，不用客气。"Wèi chōu yān hē jiǔ, búyòng kèqi.（たばこやお酒を飲むのに遠慮はいらない、ということ）とあり。この説明を補って李准の《李双双》から例文を引いています。

喜旺思索着：:"真对你好啊！那就吃喝不分你我，烟酒不分家。……" Xǐwàng sīsuǒzhe: "Zhēn duì nǐ hǎo a! Nà jiù chīhē bù fēn nǐ wǒ, yān jiǔ bù fēn jiā.（喜旺は考えながら、「本当に人によくするねえ！ それは食べたり飲んだりに相手の自分のという区別をつけず、たばこや酒をお前の俺のと分けないことだ。……」）

さらに"茶酒不分家"ともいうとありますから、あなたの先生の説明は成り立ちません。

これは、本来「たばこや酒は所属先（＝"家"）を分けない」と読むべきところを、「たばこと酒は分かれてそれぞれが独立しない」と読み違えることで生じた誤解と思われますが、この誤解がはたしてあなたの先生一人のものかどうか気になったので、20代前半から30代前半の中国人留学生17名を対象に、ちょっと調べてみました。

全員が1度は耳にしたことがある、と答えたうえで、正解が6名に対し、"烟和酒是分也分不开的" yān hé jiǔ shì fēn yě fēnbukāi de（たばことお酒は切っても切れないもの）, "一边抽烟一边喝酒" yìbiān chōu yān yìbiān hē jiǔ（たばこを吸いながらお酒を飲む）, "抽烟的人一般也喝酒" chōu yān de rén yìbān yě hē jiǔ（たばこを吸う人はふつうお酒も飲む）など、上記の読み違いから来る回答をした人が8名と正解を上回りました。

これで思い出されるのが, 日本語の「なさけは人のためならず」や「気のおけない人」などのことわざ・成句です。これらのことわざ・成句の意味が多くの人に誤解されていることはよく知られた事実ですが, "烟酒不分家"はことによるとこれの中国語版と見てよいかもしれません。

　とすれば"烟酒……"に対し世代差なども考慮した広範な調査や, 誤解が生じる背景を探るなど社会言語学的な考察が必要となってきますが, それはさておき, このような例がほかにもないか, 捜してみるのもおもしろいと思われます。　　　（喜多山幸子）

9

日本語と中国語

Q 84.「ひざ」と"膝"

「ひざ」は中国語で"膝"xī とか"膝盖"xīgài だとおぼえていました。しかし先日,「ひざにものをのせて」というつもりで,"把东西放在膝上。"Bǎ dōngxi fàngzai xī shang といったところ,中国人の友達におかしいといわれました。本当に間違っているのでしょうか。

A

「ひざ」に限りませんが,身体部位を指すことばに,日本語と中国語とで指している部分が少しずつ異なる,ということはよくあるようです。たとえば日本語の「あし」と中国語の"脚"jiǎo では,「あし」のほうが指している範囲がはるかに広いことはご存じでしょう。

また,かりに指している部分が同じ場合でも,その語を含む表現には意味のずれがよく見られます。たとえば中国語で"手长"shǒu cháng といいます。これには「物理的にうでの長さが長い」という意味と,「人のものを盗む」という意味とがあります。また"手脚不干净"shǒu jiǎo bù gānjing というと,物理的に汚れているというより,「盗み癖がある」という意味で使うほうが多いようです。さらに"洗手不干了"xǐ shǒu bú gàn le というと「悪事か

ら足を洗う」のような意味になります。一方,"手快"shǒu kuài ということばには,「仕事がはやい」という意味しかありません。

ご質問にありました「ひざ」はどうでしょうか。まず,「ひざ」が"膝""膝盖"という中国語になおせる場合がけっこうあることはいうまでもありません。たとえば,

①ころんで,ひざをすりむいてしまった。
　——不小心摔倒,把膝盖擦破了一块皮。Bù xiǎoxīn shuāidǎo, bǎ xīgài cāpòle yí kuài pí.

②ひざもと ——→ 膝下　xīxià

がその例です。

しかし,このように対応している場合ばかりでもないようです。たとえば,

③うつむいて,視線をひざの上におとす。

④子供をひざの上に座らせる。

のような日本語の「ひざ」に対応しているのは"膝上"xīshàng でしょうか。これにはどうも個人差があるようです。すなわち,

③'低下头,看着自己的双膝。Dīxià tóu, kànzhe zìjǐ de shuāng xī.

④'让孩子坐在膝上。Ràng háizi zuòzai xī shang.

のような文を許容しない中国人話者もいるようです。このようなときは"膝"ではなく,"腿"tuǐ というべきだと思っているのです。ご質問にあった"把东西放在膝上"をおかしいといったお友達もきっと③'と④'の文を許容しない話し手だと思います。

このほかに,おそらくほとんど個人差が見られない次のような用例もあります。

⑤突然,はたとひざをうった。

⑥ひざをくんですわる。

この⑤や⑥の「ひざ」はまず"膝""膝盖"とはいいません。このような場合,

　⑤' 突然，他一拍大腿…… Tūrán, tā yì pāi dàtuǐ ……

　⑥' 翘着二郎腿坐着 qiàozhe èrlángtuǐ zuòzhe

のように"腿"が「ひざ」に対応しているようです。どうも日本語の「ひざ」には「もも」などの部分も含まれているようですが，中国語の"膝"や"膝盖"の指す範囲はもう少し狭いようです。これは「ひざまくら」の「ひざ」も"膝"ではなく，"腿"が対応しているところからもうかがわれます。

（玄　宜青）

Q 85. "小〜" "老〜"の訳しかた

中国語で自分のことを"老张" Lǎo-Zhāng とか"小李" Xiǎo-Lǐ などということがあるようですが，これを日本語に訳すとき，「〜さん」とは訳せません。どのように訳すのがよいのでしょうか。

A

確かに中国語で人に呼びかけるときに使用する"小〜"（たとえば"小张"）は，日本語に訳すとき，「〜君」「〜さん」のようになるのが普通です。また，"小〜"は比較的若い人に使い，"老〜"は年配の人に使う（従って日本語訳としては「〜さん」が普通）ということも，既にご存知かと思います。日本語訳において問題になるのは，ご質問のように，自称の場合です。

たとえば以下のような会話は，中国人の日常生活（電話など）の中では，よく見られるものです。

　A: 小李在吗？我是老张。 Xiǎo-Lǐ zài ma? Wǒ shì Lǎo-Zhāng.

(李さんいますか。張です。)

B: 老张你好，我是小李。什么事？Lǎo-Zhāng nǐ hǎo, wǒ shì Xiǎo-Lǐ. Shénme shì? (こんにちは，張さん，李です。何かご用ですか)

この会話の中で，Aの発言の中の"老张"，Bの発言の中の"小李"を「張さん」「李君（さん）」などと訳すと，日本語としては不自然になります。しかし，ほとんどの中国語話者にとっては，Aの発言の中の"老张"やBの発言の中の"小李"はごく自然で，"小〜""老〜"を自称に使うことができるのは，確かなことのようです。

この"小〜""老〜"という呼び方は，中国語話者の中ではごく普通に，ひんぱんに使われていますが，これは1音節の名字には"小""老"をつけて呼んだほうが2音節になって落ち着くということに関係がありそうです。たとえば，"欧阳" Ōuyáng や"司马" Sīmǎ のようないわゆる"复姓" fùxìng には"小〜""老〜"が使用しにくいようですし，日本人の「山田」「田中」などのような2文字の名字にも使用しにくいようです。それではそのような名前の場合にはどう呼ぶのかというと，具体的な関係に応じて，"山田同学" Shāntián tóngxué，"山田老师" Shāntián lǎoshī，"田中小姐" Tiánzhōng xiǎojiě，"田中女士" Tiánzhōng nǚshì などのように呼ぶということのようです。

このほか，中国語においては，いわゆる「呼びすて」の形が比較的容易に使用できるということにも注意する必要があるかもしれません。職場・学校等ではフルネーム，プライベートでは名字ぬきの名前だけの形がよく使われます。

これらのことを踏まえて最初のご質問に戻りますと，"小〜""老〜"などを訳すときは，その場の状況に応じて適切な語句を選

んで訳していくことになります。自称の場合,もちろん「〜さん」「〜君」をつけることはできません。一方,中国語で何もつけていない「呼びすて」の形の場合でも,日本語の状況・文脈に応じて「〜さん」「〜君」などを補って訳さなければならない場合も出てくるということになります。

(玄 宜青)

Q 86.「とっさ」の中国語

熱いものに触れたとき,私たちは「あちっ」といいますが,中国語ではどういうのでしょうか。実は中国で,思わず「あちっ」と叫んでしまい,自分の中国語の未熟さを反省しているところです。

A

「とっさ」の中国語ですが,やはり学習して心得ておかなければいざというとき,口からでてきません。

熱いとき,日本語では「あちっ」というところを中国語では"哎哟!" Āiyō!,または"呀!" Yā!,"啊!" Ā! などといいます。また,痛いときは,「いたっ」といいますが,これも"哎哟!"や"啊!"です。

日本語のほうは共に「熱い──→あちっ」,「痛い──→いたっ」という派生関係があります。つまり本来は「熱い」「痛い」というれっきとしたことばで,いわば概念的表現です。

これに対して中国語のほうは,非概念的といいましょうか,自然な叫びに近いものです。

	日本語	中国語
	〈概念系〉	〈叫び系〉
熱い時：	あちっ！	哎哟、呀、啊
痛い時：	いたっ！	哎哟、啊

　上海出身の友人は日本に来てもう数年になりますが,「痛いっ！」というときには,いまでも,思わず上海語の"啊哟哇啦！" Ayowala! が口をついて出てきてしまうそうです。

　もちろん日本語にも「とっさの時の〈叫び系〉」があります。驚いたときは「わあ！」とか「わっ！」といいますし,恐い目に遭ったときも「きゃー」とか「あー」などでしょう。〈概念系〉の「ああ,びっくりした」はその後,人心地ついてからのことです。

　これらは中国語でも"哇" wā とか "啊" ā ですから,〈叫び系〉のいい方になります。

　中国語では,このように「とっさ」のときはまず例外なく〈叫び系〉です。中国語が〈概念系〉になるのは,きまって「他者」すなわち聞き手の存在を意識した場合です。たとえば,何か嬉しいことをいった人に対して,

　　太好了！ Tài hǎo le!（やったー）

　　真的！ Zhēn de!（本当！）

　　我真高兴！ Wǒ zhēn gāoxìng!（嬉しい！）

などといいます。すべて〈概念系〉で相手がいます。人に「危ない！」と知らせるのも,

　　危险！ Wēixiǎn!（危ない！）

　　小心！ Xiǎoxīn!（危ない！）

などといいますが,これも相手がいます。

　ことばは本来コミュニケーションのためにあるわけですから,

〈概念系〉を発する場合は、それを聞く相手がいるわけです。中国語はこの原則に忠実です。

それに対して日本語は、誰もいないのに「あ痛っ！」とか「熱っ！」といっているわけです。

以上のことは「中国人は基本的にはあまり独り言をいわない」という傾向にかかわるのではないかと考えています。

日本人は座るときの「どっこいしょ」、立ち上がりしなの「よっこらしょ」はもちろん、パソコンやテレビに向かって、「やった！よーし、そうだ、そうだ」などと盛んに独り言をいいます。

ここから出てくる予測ですが、たとえば合格通知を受け取った場合、日本人なら誰もいなくても「やったやった、合格だ！」と叫ぶ。中国人は、通知をもって駆け出し、一番最初に知らせたい人に伝えようとして、"我考上了！"Wǒ kǎoshang le! と叫ぶ。——上の仮説からは、こうなるはずです。

(相原　茂)

Q 87.「はい」と "好" "对" "是"

中国語を習い始めてまだ日が浅いのですが、自分でもよく気になるのは、「はい」に相当する "好" hǎo, "对" duì, "是" shì の多用です。これらの語の使い方について教えてください。

A

まず、注意しなければならないのは、日本語なら「はい」を使って答える場合でも、中国語では「はい」にあたる "好" "对" "是" のいずれもが使えない場合があるということです。たとえば日本語の、

①行きますか。

という質問に対しては「はい」と答えることができますが，中国語の，

②你去吗？ Nǐ qù ma?

に対しては，"好"も"对"も"是"も使うことができません。何もつけずに"我去。"Wǒ qù, "去。"などと答えるのが普通です。このことをまずおさえた上で，以下では"好""对""是"の区別についてみてみましょう。

まず，"好"は「承知しました」「引き受けました」という意味で使います。たとえば，

③小张，你来说说。Xiǎo-Zhāng nǐ lái shuōshuo. (張さん，ちょっと説明してみてください)

に対しては，

④好，我来说说。Hǎo, wǒ lái shuōshuo. (はい，それでは，私のほうから説明します)

のように，"好"を使うのが普通で，"对"や"是"を使うことはできません。

次に，"对""是"を使う場合について見てみます。まず，

⑤你是在北京学的汉语吗？ Nǐ shì zài Běijīng xué de Hànyǔ ma? (北京で中国語を習ったのですか)

⑥你是丢钱包了吗？ Nǐ shì diū qiánbāo le ma? (お財布を落としたのですか)

⑦你是不是发烧了？ Nǐ shìbushì fāshāo le? (熱があるのではないですか)

のような，"是～的吗""是～吗""是不是～"の形をした疑問文に対しては，"对"や"是"を使って，以下のように答えることができます。

⑧対／是，是在北京学的。 Duì/Shì, shì zài Běijīng xué de. (はい，北京で習ったのです)

⑨対／是，我丢钱包了。 Duì/Shì, wǒ diū qiánbāo le. (はい，落としました)

⑩対／是，我发烧了。 Duì/Shì, wǒ fāshāo le. (はい，熱があります)

但し，形の上では"是"を含まないが，日本語で，「～のですか」にあたるような意味を持つ，

⑪你不去吗？ Nǐ bú qù ma? (行かないのですか)

⑫你也去吗？ Nǐ yě qù ma? (君も行くのですか)

のような文に対しては，

⑬対，我不去。 Duì, wǒ bú qù.

⑭対，我也去。 Duì, wǒ yě qù.

のように"対"を使うことはできますが，

⑮* 是，我不去。

⑯* 是，我也去。

のように"是"を使うことができません。"対"と"是"は似ていますが，いつも置き換えられるというわけでもないようです。

(玄 宜青)

Q 88. 「絶対」 ≠ "絶対"

日文中訳のとき，「明日絶対行きます」を"明天我绝对去。" Míngtiān wǒ juéduì qù と訳しました。あとで分ったのですが，"明天我一定去。" Míngtiān wǒ yídìng qù というのが正しいそうです。では，日本語の「絶対」と中国語の"絶対"

とはどう違うのか教えてください。

A 　日本語の「絶対」と中国語の"絶対"はいずれも語気（話し手の気持ちを表す）副詞ですが，用法上必ずしもいつも対応するとは限りません。中国語の"絶対"は判断を強める副詞であり，日本語の「絶対」のように話し手の意志を強める用法はありません。ですから，間違いは"絶対"を用いて意志を強めようとしたことにあったということが分かりますね。

このような話し手の意志だけでなく，相手に誘いかけて，自分も一緒に何かをするような勧誘の文でも，日本語では「絶対」を用いることができますが，中国語では"絶対"は用いられません。

　①絶対一緒に行こうよ。

　　＊我们絶対一起去吧。

さらに，相手に命令や依頼をする場合の表現でも，日本語では「絶対」の使用が可能ですが，中国語では"絶対"を使うと，やはり不自然な表現になります。たとえば，

　②（お前）絶対来いよ。

　　＊你絶対来！

　③絶対来てくださいね。

　　＊请你絶対来啊。

要するに，中国語の"絶対"は自らの意志を表明したり，聞き手の行為を要求したりする表現には不向きなのです。

ところが，話し手の判断を強める表現では，中国語の"絶対"も日本語の「絶対」と同様に許容されます。

　④这个菜絶対好吃。Zhè ge cài juéduì hǎochī. （この料理は絶対おいしいよ）

　⑤他絶対不会去的。Tā juéduì bú huì qù de. （彼は絶対行か

⑥你绝对应该去。Nǐ juéduì yīnggāi qù.（君は絶対行くべきだ）

⑦你绝对不应该去。Nǐ juéduì bù yīnggāi qù.（君は絶対行くべきではないよ）

例文の④⑤はそれぞれ「この料理がおいしいこと」「彼が行かないこと」について，話し手が確信を持って判断できることを表しています。⑥⑦は一見聞き手の行為を要求する②③の例文に似ていますが，"应该"と"不应该"がそもそも「すべきである；すべきではない」という意味の判断（当為）を表す助動詞であり，「絶対」が用いられているのは話し手の判断が間違いないことを強く主張するためなのです。現に④～⑦において，"绝对"がなくても，文は依然として成立しますが，判断の確かさの度合いは弱くなってしまいます。

さて，お尋ねの文では，意志を強めるということですから，"一定" yídìng のほかに，"非得" fēiděi を使っても構いません。

⑧明天我非得去。Míngtiān wǒ fēiděi qù.

（楊　凱栄）

Q 89.「チョット」をどう訳す？

授業で「ちょっと休もう」や「ちょっと考えさせてください」を"休息一点儿吧。" Xiūxi yìdiǎnr ba，"让我想点儿。" Ràng wǒ xiǎng diǎnrと訳したら，こういう場合は"一点儿"は使えず"休息一会儿吧。" Xiūxi yíhuìr ba，"休息一下吧。" Xiūxi yíxià ba，"让我想想。" Ràng wǒ xiǎngxiang，"让我想

一下。"Ràng wǒ xiǎng yíxià のようにいうべきだといわれました。「ちょっとできる」や「ちょっと食べる」は"会一点儿""吃一点儿"といえると思うのですが，"想点儿"はなぜいけないのでしょう。

A

たしかに日本語の「チョット」を中国語に訳すのは注意が必要です。たとえば，

① 今天有点儿冷。Jīntiān yǒudiǎnr lěng.（今日は少し寒い）

のように，否定的なニュアンスをもった「チョット」が"有点儿"であることはよく知られていますが，これも比較文の中だと，

② 今天比昨天冷一点儿。Jīntiān bǐ zuótiān lěng yìdiǎnr.（今日は昨日より少し寒い）

となって，今度は"有点儿"が使えなくなります。また，少ない動作，短い動作や，実際になにかをやってみるというときのチョットには，ご質問にもあるように，動詞の重ねや"一下"がだいたい対応します。

さて問題の"(一)点儿"ですが，これは

③ 你喝(一)点儿水吧。Nǐ hē (yì) diǎnr shuǐ ba.（お湯でもどう）

④ 你买(一)个西瓜吧。Nǐ mǎi (yí) ge xīguā ba.（スイカを買ったら）

のように，働きからいえば量詞の仲間で，不定量詞と呼ばれ，

⑤ 买点儿东西 mǎi diǎnr dōngxi（少し買い物をする）

　有点儿事 yǒu diǎnr shì（少し用がある）

　一点儿心意 yì diǎnr xīnyì（ほんの気持ち）

のような具体名詞や抽象名詞を修飾します。つまり，"一点儿"はモノの量についていっているのです。「ちょっと考える」や

「ちょっと休む」で"一点儿"が使えないのは、それが修飾すべき対象がないからだといえます。ですから、同じ"想"でも、

⑥我来想点儿办法。Wǒ lái xiǎng diǎnr bànfǎ.（わたしがちょっと方法を考えよう）

のように目的語があれば、"点儿"は目的語の名詞にかかっていきますから、いうことができます。

ところで、"点儿"には他の量詞とちがう点があります。それは、一般の量詞では"一"とあとの名詞を省略して、

⑦＊你买个吧

とはいえないのに、"点儿"では、

⑧你喝点儿吧。Nǐ hē diǎnr ba.（少し飲んだら）

といえることです。これは量詞と呼ばれても"点儿"のほうが"个"などより語としての独立性が高いことを意味します。あとの名詞がなくても、それだけで目的語として働くのです。もちろん、前に動詞や形容詞があることが前提ですが。しかし、"点儿"はあくまでモノの量を表すわけで、動作の量を表す重ね型や"一下"とは一応区別すべきです。"吃"で、

？⑨你吃吃吧。Nǐ chīchi ba.

你吃一下吧。Nǐ chī yíxià ba.

がそれほど一般的でないのは、「ちょっと食べる」といえばモノの量が問題になるからでしょう（"你尝尝" nǐ chángchang［味見をしてみて］なら大丈夫ですが）。

もっとも、"我有点儿书。"に対し、

⑩我看点儿书。Wǒ kàn diǎnr shū.（少し本を読む）

学点儿历史 xué diǎnr lìshǐ（歴史を少し学ぶ）

读点儿鲁迅 dú diǎnr Lǔ Xùn（魯迅をいささか読む）

などは、形式上はあとの名詞を修飾していますが、実際には動作

の量についていっているようにみえます(あとの2例は慣用語的で"～的书"が省略されていると考えられます)。これらは"洗个澡"xǐ ge zǎo(ちょっとシャワーを浴びる)の"个"の用法を連想させるものです。

さらに,つぎの例などは,重ね型をもたない動詞・補語フレーズに重ねのニュアンスをあたえています。

⑪你记上点儿。Nǐ jìshang diǎnr.(ちょっとメモして)
⑫你想开点儿吧。Nǐ xiǎngkāi diǎnr ba.
　(心をもっと広くもって)

(荒川清秀)

Q 90.「出張」と"出差"

「出張」は"出差"chūchāiと訳すとずっと思っていましたが,先日,道で中国人の知人に会い,"上哪儿？"Shàng nǎr?と聞かれ,"出差去厚生省。"と答えたところ,そのようなとき,"出差"とはいいませんよ,といわれました。このような場合,何というべきでしょうか。

A
そのようなときには,おそらく多くの中国語話者は"去办公事"qù bàn gōngshìと答えるでしょう。確かに公務で勤め先の文部省から隣の大蔵省へ出かけるようなときでも,日本語なら「出張する」といえるのに対し,中国語では"出差"とはいえないと思います。

それでは,「出張」と"出差"についての辞書の記述はどのようになっているのでしょうか。

A. 『広辞苑』

　用務のため，臨時にふだんの勤め先以外の所に出向くこと。

B. 《现代汉语词典》

　（机关、部队或企业单位的工作人员）暂时到外地办理公事。

　　(jīguān、bùduì huò qǐyè dānwèi de gōngzuò rényuán) zànshí dào wàidì bàn gōngshì.

この辞書の記述を比べてみると分かるように，日本語の場合，出かけ先が「外部」であれば，すぐ隣や近所であっても「出張」という語が使用できるのに対し，中国語では"外地"（地元でないところ）でなければならないようです。従って，仕事ですぐ隣に出かけるとき，日本語で「出張する」といえる場合でも"出差"とはいえません。

「出張」と"出差"に関する辞書の記述をみましたが，実際日常的には，これらの語はどのように使われているのでしょうか。まわりの中国人に聞いてみました。

"出差"については，どうやら辞書の記述どおりのようです。すなわち，やはり"去外地" qù wàidì でないといえないようです。たとえば，勤め先が北京である場合，北京市内であれば，どんなに遠くて，時間がかかっても，"出差"とはいわないようです。そのような時は"去办公事" qù bàn gōngshì，"去办事" qù bàn shì のようにいうそうです。しかし，聞いているうちに，おもしろいことが分かりました。それは"公差" gōngchāi ということばの使いかたです。たとえば，仕事ですぐ隣にある北京大学に行くようなとき，

　①＊去北大出差

とはいえませんが，

　②去北大出公差 qù Běi Dà chū gōngchāi

ならいえるようです。そこで辞書をみたら，"公差"は次のようになっていました。

　　临时派遣去做的公务。Línshí pàiqiǎn qù zuò de gōngwù.
どうやら"出差"と"出公差"を合わせたものが「出張」の意味・用法に近いようです。

　ちなみに日本語の「出張」も，多くの人には，勤務地から離れた地方に行って仕事をするというイメージのほうが強いようです。もしかしたら，ご質問にあったような「出張」の用法は，主に官公庁等の間で使われている用法ではないでしょうか。

（玄　宜青）

Q 91.「～けれども」「～が」と"但是"

日本語の「～けれども」「～が」を中国語に訳すとき，"但是" dànshì をよく使うと思いますが，"但是"が使えない場合もあると聞きました。どのような場合でしょうか。

A

確かに日本語の「～けれども」「～が」を中国語に訳すとき，"但是"を使うことがありますね。たとえば次のような場合です。

① 他职位很高，但是没有架子。Tā zhíwèi hěn gāo, dànshì méiyou jiàzi.（彼は非常に高い地位にあるけれども，いばっていない）

② 这种材料非常贵，但是不能不使用这种材料。Zhè zhǒng cáiliào fēicháng guì, dànshì bù néng bù shǐyòng zhè zhǒng cáiliào.（この材料は値段が高いですが，この材料を使うこ

とはやめられません)

しかし日本語の「〜けれども」「〜が」には，これらと違った用法もあり，"但是"では訳せない場合があります。たとえば「〜けれども」「〜が」が，それ以下の部分の前おきになっているような場合です。

③你别告诉别人，我中彩了。 Nǐ bié gàosu biérén, wǒ zhòngcǎi le.（これは他の人には内緒だけれども，僕は実は宝くじに当たったんだ）

④我还没问他本人，听说他要去留学。 Wǒ hái méi wèn tā běnrén, tīngshuō tā yào qù liúxué.（本人にはまだ聞いていませんが，彼は留学するそうです）

このような「〜けれども」「〜が」が「前おき」を表しているような場合，"但是"を使うことができず，接続詞は何も使わないのが普通です。

また，以下のような場合にも"但是"は使わないようです。

⑤我迟到了，小张没有迟到。 Wǒ chídào le, Xiǎo-Zhāng méiyou chídào.（私は遅刻したけれども，張さんは遅刻していません）

⑥长颈鹿有四米多高，梅花鹿有一米多高。 Chángjǐnglù yǒu sì mǐ duō gāo, méihuālù yǒu yì mǐ duō gāo.（キリンの身長は4メートルだが，鹿の身長は1メートルくらいだ）

上のような例では「〜けれども」「〜が」は，前半部と後半部の「対比」を表しているといわれます。このような場合，やはり中国語では接続詞を使わずに表現することが普通です。

さらに以下のような場合もあります。

⑦我有一个朋友叫今村，他特别有趣。 Wǒ yǒu yí ge péngyou jiào Jīncūn, tā tèbié yǒuqù.（私の友人に今村という人がい

るのですが,彼はとてもおもしろい人です)

このような文は,「〜が」の部分は後半の部分の「導入」「話題提示」をしているといわれます。このような場合の「〜が」に対しても"但是"を使うことはできず,中国語ではやはり,接続詞を使わないのが普通です。

全体として,"但是"は日本語の「〜けれども」「〜が」よりも使える範囲が狭いようです。"但是"が使えるのは,「〜けれども」「〜が」の用法のうち,おおむね「〜にもかかわらず」と置き換えることのできる場合に限られるようです。 （玄 宜青）

Q 92. 中国語の形容詞が日本語の動詞？

"焦急"jiāojí について辞書をひき比べ,かえって混乱しました。A社の辞書は品詞〔動〕で訳語は「焦る。いらだつ」ですが,B社の辞書は品詞〔形〕で訳語は「焦る。気をもむ。やきもきする。いらだつ」であり,C社の辞書は品詞〔形〕で訳語は「焦る。苛立った」でした。B社の訳語に形容詞らしきものはなく,また,C社の訳語は動詞と形容詞が混在している気がします。一体どうなっているのでしょうか？

A

"焦急"には,たとえば"心里很焦急"xīn li hěn jiāojí（内心あせっている）などの使い方があり,"很"の修飾を受けるので,動作を表す語というよりは,状態を表す語であることがわかります。ただ,日本語にはそういう状態を表す適当な形容詞がみつからず,「いらだつ」のような動詞をあてるほかないのですね。中国語としては形容詞でも,和訳には動詞しかあてられない

ことを明示した辞書として, 古漢語辞書ですが『漢辞海』(三省堂)があります。

中国の古典を「訓読」という手段で翻訳した結果を検討してみると, そのあたりの事情があんがい根深いことに気がつきます。中国語と日本語の本質的な差異の一つといえます。以下に少し例をあげてみましょう。もとの古代漢語における品詞はいずれも形容詞です。伝統的な訓読は【 】に入れて示します。

①"急" jí 差し迫った緊急なさま。【せまる】
　事急而不断, 祸至无日矣 shì jí ér bú duàn, huò zhì wú rì yǐ（事態が差し迫っているのに決断しないでいると, わざわいがすぐに来てしまう）〈資治通鑑・漢・建安十三＝赤壁之戰〉
　※この「せまる」は, 形容詞であることを尊重して「急にして」とも読まれます。

②"焦" jiāo 焦っているさま。【あせる】
　终身履薄冰, 谁知我心焦 zhōng shēn lǚ báo bīng, shéi zhī wǒ xīn jiāo（生涯薄氷をふむ思いだが, 我が心が焦るさまを誰が知ろう）〈阮籍・詠懷詩〉

③"骄" jiāo わがままなさま。【おごる】
　数胜则君骄 shuò shèng zé jūn jiāo（しばしば勝てば君主はわがままになる）〈管子・兵法〉

④"贪" tān 貪欲なさま。【むさぼる】
　秦贪, 负其强以空言求璧 Qín tān, fù qí qiáng yǐ kōng yán qiú bì（秦は貪欲で, 強国なのをたのみにし, 虚言を使っ

て璧を求めている）〈史記・廉頗藺相如列伝〉
※これも形容詞であることを意識して「貪（ドンにして）」と読むことがあります。

以上はいずれも心理状態をあらわす形容詞であることが共通しています。以下に，究極の状態をあらわす形容詞をあげましょう。

⑤"尽" jìn 空の状態を形容。【つく】
担中肉尽 dàn zhōng ròu jìn（かついだ荷物の中の肉がなくなっている）〈聊斎志異・狼〉
⑥"究" jiū 極まったさま。【きわまる】
靡届靡究 mǐ jiè mǐ jiū（尽きることなく極まることない）〈詩経・大雅・蕩〉

ほかにも中国語のいろいろな状態形容詞が，日本語の動詞で訓読されている例が少なくありません。こうしたもののの捉え方の相違を知っておくと，解釈がより的確になると思います。訓読で漢文を読む人ならもちろんのこと，現代語の学習者も充分に気をつけたいですね。

（佐藤　進）

Q 93. 真理の追究は"追求真理"

先日，大学で学ぶ目的は「真理を追究するためだ」というつもりで，"为了追究真理"というと，中国人留学生に"为了追求真理" wèile zhuīqiú zhēnlǐ と直されました。「ツイキュウ」のような同音語は，どう使い分けたらよいのでしょうか。

A まず、日本語の「ツイキュウ」を考えてみましょう。とりあえず、たとえば三省堂『新明解国語辞典』(第五版、1997年)を参照してみます。

> 【追究】〔分からない事を〕どこまでもつきつめて明らかに(研究)しようとすること。「真理を−する」
> 【追求】①〔目的の物が手に入るまで〕あらゆる手段を尽くすこと。「理想を−する／利潤の−」 ②「追加請求」の略。「超過分を−する」 ③追及。「責任の−」
> 【追及】①逃げる者を追うこと。②〔事件の責任などを〕どこまでも追いつめること。「事故の責任−が行われる／−の手をのばす／−を深める(かわす)／−集会」

これを読むかぎり、「追究」は確かに「真理の追究」にふさわしいようです。しかし、「理想を追求する」のと「真理を追究する」のとではどれほどの違いがあるか、納得のいく説明がなされているでしょうか。真理だってあらゆる手段を尽くして手に入れたいものです。また、「真理の追究」以外に、どういう「追究」があるのでしょうか。今の日本の国語辞典の解説はほとんど『新明解国語辞典』と大同小異です。

次に、中国語では、重宝でかゆいところに手が届く《现代汉语用法词典》(江苏少年儿童出版社、1994年)を参照してみます(ピンインは筆者注)。

> 【追究】追查、探究：多指发生问题的根由、原因、责任等：这件小事就不必〜了。[zhuījiū] zhuīchá、tànjiū：duō zhǐ fāshēng wèntí de gēnyóu、yuányīn、zérèn děng：Zhèjiàn xiǎoshì jiù

búbì ~ le.
【追求】用积极的行动来争取达到某种目的,特指向异性求爱：常带宾语：～真理｜～这位漂亮的姑娘。[zhuīqiú] yòng jījí de xíngdòng lái zhēngqǔ dádào mǒu zhǒng mùdí, tè zhǐ xiàng yìxìng qiúài : cháng dài bīnyǔ : ~zhēnlǐ｜~ zhè wèi piàoliang de gūniáng.

この辞典に限らず中国の辞典では"追及"を熟語あつかいしないのがふつうです。動詞"追"と結果補語"及"の組み合わせにすぎません。

「責任」は日本では「追及」ですが，中国では"追究"であることが分かります。しかも大事なことは，問題が起こった原因・理由をその発生時にさかのぼって調べることが"追究"であることです。"追悼"zhuīdào,"追念"zhuīniànの"追"と同じだったのですね。とすれば"追究"の"追"は"究"の方式「過去にさかのぼる」を説明する状語相当の修飾成分であるわけです。

一方，"追求"の「求める」は実は"追"一語でも"追这位漂亮的姑娘"zhuī zhè wèi piàoliang de gūniáng と使えますから，"追"と"求"は同義連用だったわけです。

かく，元来は発音も語構成も異なる漢語が，日本語でたまたまツイキュウという同音語になるために混同が生じ，それを国語辞典で無理に説明しようとするから説得力に欠けるのです。「追究＝どこまでも追いかけるようにして究める」という噴飯ものの俗解もありました。

さて，真理は必ずしも過去にさかのぼって調べることではなく，一方，積極的な行動でもって求めるものですから"追求真理"zhuīqiú zhēnlǐ になるはずです。　　　　　　（佐藤　進）

10

文字と音韻

Q 94. 簡化字と異体字の問題

簡化字や繁体字のなかで，異体字はどんなふうに位置づけられているのでしょうか。新聞・雑誌あるいは社会生活のうえで，異体字はどのように使われていますか？ また，簡化字が日本の常用漢字に相当し，繁体字が日本の旧字体に相当すると解してよいのでしょうか？

A

中国で現在使われている規範的な漢字表のうち，主なものは，

1)《简化字总表》(1986年新版)
2)《现代汉语通用字表》(1988年)
3)《第一批异体字整理表》(1955年)

で，2)は同年発布の，

4)《现代汉语常用字表》

の3500字を含み，

5)《印刷通用汉字字形表》(1965年)

の6196字に増減を加えた7000字の字表です。

まずご質問の後半について，必ずしもそのように解するわけにはゆきません。簡化字はあくまでも複雑な繁体字を簡略化する基

準です。たとえば, 使用頻度数ベスト5の"的"de, "一"yī, "是"shì, "在"zài, "不"bù などは1)の2235字のなかに入っておりませんし, 逆に, 4)の3500字には入らない"栾"luán, "脔"luán, "鸾"luán などが入っているという事情からその性格がわかります。ですから, 1)に加えて2)や4)が別に必要だったわけです。日本の『常用漢字表』にあたるものは4)だと考えてよいでしょう。

また, 収録字数の多い2)の字体は1)のなかの簡化部首を利用しますから, 基本的には簡化字で統一されています。1)で繁体字と認定された「隻」zhī, 「準」zhǔn, 「鐘」zhōng, 「鬱」yùの4字も, 5)には標準字形として収録されていたのですが, 2)ではすべて簡化されました。

異体字については, 3)が今でも根拠になっています。これは繁体字のなかの異体字を整理したものです。たとえば「動」「働」を「動」に統合し, 「働」を淘汰するという考え方です。対象にした文字は1865字, これを統合した結果, 810組を手に入れました。つまり1055字を淘汰したことになります。その上で簡化字の"动"dòngを制定したわけです。ここで淘汰されたなかから, 発表直後にまず"阪"bǎn, "挫"cuòを復活させ, 1)では"雠"chóu, "晔"yè などの5字, 2)では"桉"ān, "晖"huī などの15字を復活させるなどの修整を認めています。ただし, 3)自体の修整は公表されていません。

ともかく現状では"仇"chóu と "雠"chóu が2)のなかで混在し, かつて異体字として淘汰した文字をリコールしてしまいました。ほかにも《新华字典》で"碱"jiǎn の異体字と認められている"硷"も残っています。

逆に, 解説文こそないのですが, 2)全体をよく見渡すと, 3)で未整理だった"鲶"nián ──→ "鲇"nián (後ろが規範的) 等15字

ほどの異体字を整理しています。全体としては異体字をなくそうとする方向に向かっているようです。

この2)は〈国家语言文字工作委员会〉と〈中国新闻出版署〉が連名で出した通知です。新聞や雑誌は準拠していくことと思いますが,台湾観光客を呼ぶための繁体字が氾濫する昨今,実際はどうなるか予断をゆるしません。 （佐藤進）

Q 95. 日中間の筆順の違い

漢字（簡体字）の筆順についての疑問です。

"门、乃、必"の筆順を中国語辞典などで見ると,日本人の一般的な筆順と違っています。これはなにか理由,あるいは歴史があるのでしょうか。

A
日本の現行の筆順は,昭和三十三（1958）年文部省発行の『筆順指導の手びき』によっています。これには,学習指導上の観点から一文字について一つの形に統一してあるけれども,これ以外の筆順で従来おこなわれてきたものも誤りとするものではない,とうたってあります。

「必」に関しても,現行の①「丶 ─→ 义 ─→ 必」の順以外に,②「义 ─→ 必 ─→ 必」や③「心 ─→ 必」もあげて,「いろいろあるが,③は熟しておらず,②よりも①が形をとりやすいので,本書では①をとる」といっています。こんなふうに「いろいろある」ことを認めて,それらを「誤りとするものではない」というのが本来の趣旨であるわけです。

中国の現行の筆順は《现代汉语通用字笔顺规范》（语文出版社,

1997年）によるそうです。これは1988年に国家語言文字工作委員会と中華人民共和国新聞出版署が連合で発布した《现代汉语通用字表》（7000字）にもとづいています。全体の配列が，まず総画数に分かれ，画数が同じ文字は起筆筆形の順，つまり筆順の第一画が「横・竪・撇・点・折」（具体的な形としては「一・丨・ノ・丶・フ」）の順になっています。

ご質問にある"门"は三画で起筆が「丶」の箇所，"乃"は二画で起筆が「フ」の箇所，「必」は五画で起筆が「丶」の箇所にそれぞれ所属しています。ただ，"必"の「丶」は中央のそれではなく左のそれを示しています。つまり，"必"は現行日本の筆順とは異なり，左の点から起筆します。

では，中国では昔から上のようだったかというと，そうでもないのです。明代の辞書『字彙』は巻頭に「運筆」という項目を掲げて，73字につき注意すべき筆順を指摘しています。少々変わったものをご紹介しましょう。"川、必"などは中央から起筆して中心線を確保する，"舞、佳"などは「ノ」やにんべんの次に横線をすべて書いてから竪を書くようにして平衡性を確保する，"非、兆、弗"などはすべて中心の竪画を先に書き背骨をしっかり通す，等々です。これらは書道で毛筆の運筆を速く美しくするために考えられたものです。

日本の書道でおこなわれる筆順の種々のバリエーションは，たとえば日本習字普及協会『常用三体筆順字典』などで見られます。

これらを見ると，現行の筆順はかつて多様にあったものの中から，教育上たまたまどれか一種を選択したものに過ぎないことが分かります。それが，日中間で別の選択をしたものがあったので，ご質問のような疑問になったのです。しかし，両国の筆順を覚えておくことは，崩し字を解読するためにも，また，起筆筆形順の

索引を使用するためにも有用なことです。　　　　　（佐藤　進）

Q 96. 声母の一覧表

教科書や辞書にのっている「中国語音節表」というのを見て，日本語の五十音表にくらべるとずいぶん複雑なものだと思いました。五十音表のように簡単なものがあれば，その仕組みを含めて，教えてください。

A

そうですね，いきなり「音節表」を見るとうんざりする気分がよくわかります。中国語の方は五十音どころかざっと四百十音になってしまいますから。

それにくらべると《汉语拼音方案》Hànyǔ Pīnyīn Fāng'àn はもっとすっきりしています。この現物は実に小さく，《新华字典》の付録についていますが，それでわずか3頁ほどのものです。Ａ４判に印刷したら1頁ですんでしまいます。

《汉语拼音方案》は，
1) "字母表" zìmǔ biǎo ⟶ 単なるアルファベット
2) "声母表" shēngmǔ biǎo ⟶ 声母の一覧表
3) "韵母表" yùnmǔ biǎo ⟶ 韻母の一覧表
4) "声调符号" shēngdiào fúhào ⟶ 声調符号の一覧表
5) "隔音符号" géyīn fúhào ⟶ "pí'ǎo" 等の［'］

以上の5項目からなる規定集です。

2) の声母表は右上のような具合いです。

各ローマ字の下には，それぞれ左に"注音符号" zhùyīn fúhào, 右に例字が並べられています。

b	p	m	f	d	t	n	l
ㄅ玻	ㄆ坡	ㄇ摸	ㄈ佛	ㄉ得	ㄊ特	ㄋ讷	ㄌ勒

g	k	h		j	q	x
ㄍ哥	ㄎ科	ㄏ喝		ㄐ基	ㄑ欺	ㄒ希

zh	ch	sh	r	z	c	s
ㄓ知	ㄔ蚩	ㄕ诗	日日	ㄗ资	ㄘ雌	ㄙ思

　声母表は，前半の b p m f d t n l g k h と後半の j q x zh ch sh r z c s とに分けて考えられます。前半は破裂音と摩擦音の系統，後半は破擦音と摩擦音の系統です。声母の発音練習をする際に，前半には"呼读音"hūdúyīn の e をつけ，後半には"呼读音"の i をつけることでも，このふたつのグループわけに理由があることが分かりますでしょう。

　で，前半は b- 系の唇音，d- 系の舌尖中音，g- 系の舌面後音の順，つまり発音部位の外側から内側の方向に並べられます。それと反対に後半は，j- 系の舌面前音，zh- 系の舌尖後音，z- 系の舌尖前音の順，すなわち発音部位（ここでは舌が触れる上あご＝硬口蓋の位置）の内側から外側の方向に並べられています。

　上の「〜音」の名称に注意して下さい。教科書によく使われる舌根音やそり舌音という言い方をしておりません。その方が一貫した説明ができるので，音韻学では上のような名称を使います。

　前半が外──内なのに，後半が内──外に逆転しているのは，g- 系と j- 系を隣合わせに並べたかったからです。というのも，歴史的にさかのぼれば j- 系は g- 系から生じたものだからで（その後，"将"jiāng などが ts- から j- に合流してきましたが），名称も j- 系を舌面前音，g- 系を舌面後音としておくと，上で言った一貫性がよく分かりますでしょう。

(佐藤　進)

Q 97.「入声」とは何ですか？

唐詩で平仄のことを習いましたが，そこで「入声」という声調のことが出てきました。"普通话" pǔtōnghuà の学習では聞いたことがないのですが，もう少し詳しくご説明していただければ幸いです。

A

"普通话"では1声・2声・3声・4声を「四声」といいますが，隋唐の時代（中古）の声調も四声の名で呼ばれていました。中古の四声は数字ではなく「平声・上声・去声・入声」の名でよばれています。

平上去の3声調は，"普通话"の声調のように，音の上下動によって分類されたものです。しかし，入声は音節末に特別の子音をもっているところに着目して分類されました。たとえば，平上去がそれぞれ dōng, dǒng, dòng であったとすると，dok のような発音をするものが入声です。なお，声調符号はあくまで分かりやすくするための仮のもので，かつてこういう上下動だったわけではありません。以下の説明でも同様です。

この音節末の子音には，上のkのほかに，tとpの都合3種類があったのです。清朝の音韻学者は dōng, dǒng, dòng, dok のような対応関係を「四声相配」という用語で表現しました。つまり音節末子音 p, t, k と他の声調の韻尾との関係は以下のようになります。

	平	上	去	入	
①	gām	gǎm	gàm	gap	唇内入声
②	bān	bǎn	bàn	bat	舌内入声
③	dōng	dǒng	dòng	dok	喉内入声

gām のように末尾にmがつく音節も"普通话"にはなくなって，すべてnに変化してしまいました。"感"gǎn，"谈"tán などがそうです。

四声相配の原理は，表でお分かりのように，mとp，nとt，ngとkのそれぞれが，呼気のながれを止めたり狭めたりする場所，すなわち調音点（"发音部位"fāyīn bùwèi）が同じことによるものです。

また，p, t, k は，その後ろに母音がつかないことに注意してください。p, t, k の子音で発音をとめるのです。音声学では，「内破音」などといいます。ところが，日本人にとって，内破音で止める発音は大変でした。それで，p, t, k のうしろにiやuの母音をつけて発音したわけです。以下をご覧ください。日本漢字音である呉音と漢音の表記は，歴史的かなづかいで書いてあります。

		呉音		漢音
"合"	-p(+u) ⟶	ゴフ		カフ
"月"	-t(+u) ⟶	グワツ		ゲェツ
"八"	-t(+i) ⟶	ハチ	(+u) ⟶	ハツ
"学"	-k(+u) ⟶	ガク		ガク
"力"	-k(+i) ⟶	リキ	(+u) ⟶	リョク

"学"以外の日本漢字音は，呉音と漢音で子音がかわったり母音がかわったり，一筋縄ではいきませんが，いずれにしても末尾が「フツクチキ」で終わります。日本人としてはこの特徴が入声を識別する手がかりになります。

現代中国語でも，梅県の客家方言，広東語などの粵方言，厦門語などの閩方言といった南方方言にはp t kがそのまま残っています。

(佐藤進)

98. Yの悲劇 —— 四呼のはなし

Q ローマ字の表記にどうやら少し慣れてきたようです。ところが最近 "用" yòng を思いきり「イオン」のように発音したところ、先生に「ヨン」と発音するように注意されました。別の機会に you が iou と同じ音だと説明されましたが、それならば yong は iong になるはずではないでしょうか。

A 確かに、あなたの先生のおっしゃるとおり "用" の発音はどちらかというと「ヨン」のようになるのがふつうです。また、《汉语拼音方案》Hànyǔ Pīnyīn Fāng'àn では iong を yong と表記するのも、あなたのおっしゃるとおりです。

ただ、《汉语拼音方案》のローマ字表記は、それがそのまま記号と現実の発音が一対一の対応関係を示すべき発音記号であるというわけではありません。いわば新たな文字表記であると考えておくほうが安全です。

まず、《汉语拼音方案》での y の使われ方を整理しておきましょう。《方案》そのものの説明によれば、i で始まる韻母が前に声母を持たないとき、以下のように書く、として10の例をあげています。

　　yi（衣），ya（呀），ye（耶），yao（腰），you（忧），

　　yan（烟），yin（因），yang（央），ying（英），yong（雍）

実はここには、二つの原則が混在しています。yi, yin, ying の三つは i という主母音の前に、ダミーとして y を付加したものです。それ以外の七つは介音の i を y に書き換えたものになっています。

そのほかに、y は ü の前にも使われます。

　　yu（迂），yue（约），yuan（冤），yun（晕）

この四つは前の言い方でいうとすべてダミーとしてのyです。

《汉语拼音方案》のyには付加のyと書き換えのyと二種類あることになります。

しかし,ご質問の本質はそうした文字遣いの二義性にあるのではありません。

清朝初期の学者,潘耒(はんらい)が《类音》(1712年刊)という本を書き,介音の性格に基づいた漢字音の分類を示しました。現代中国語で言えば,介音・主母音に,

　1) i を含むものは「斉歯呼」
　2) u を含むものは「合口呼」
　3) y を含むものは「撮口呼」
　4) 上記のもの以外は「開口呼」

という分類で,これを「四呼」といいます。

教科書や辞書に全音節表が載っていたらそれをご覧になれば分かります。必ず,四呼の大枠で構成されているはずですから。

ただ実際には,どの音節をどの呼に分類するべきか判断に困ることがあります。-iong という韻母はローマ字を見ている限りでは斉歯呼のように見えますが,かつては撮口呼に入れるのがふつうでした。今でも《新华字典》などに併記されているカタカナに似た「注音符号」を見てみれば分かります。介音がyであるㄩ yu（迂）,ㄩㄝ yue（约）,ㄩㄢ yuan（冤）,ㄩㄣ yun（晕）の系列にㄩㄥ iong（雍）が並ぶ構成になっています。

ところが,現実の北方音を観察する限り,qiong（"穷"）などは介音iがはっきり聞き取られます。それで今ではこれらを斉歯呼に入れる立場もある訳です。しかし,一方では,ゼロ声母の"用"のような場合には,まだ充分に撮口性が保たれています。

四呼を扱う際に,従来は韻母だけに着眼していましたが,声母と

組み合わせたうえで再考する必要があると筆者は考えています。

(佐藤　進)

Q 99. 唐詩の平仄はどう見極める？

この間, 私達の中国語の先生が唐詩を一首黒板に書き, 中国語で読み上げてから, 一字一字これは「平」これは「仄」と指摘されました。私は漢詩が好きですが, すべての漢字の平仄とやらをひとつひとつ暗記しなければならないのでしょうか？

A

まず, 平仄とは何かですが, これは唐代の声調をグループ分けしたものです。唐代には声調は四つあり（これも四声という), それを二大別にしたのが平仄です。もちろん現代中国語の四声とはズレがあります。平仄と, 唐代の声調と現代の声調との対応を示しておきましょう。

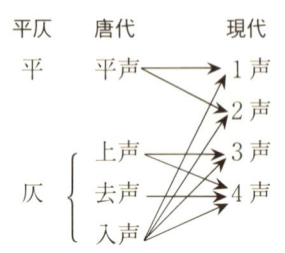

```
平仄    唐代         現代
平      平声 ──────→ 1声
                    ↗
                   2声
        上声 ──────→ 3声
仄  {   去声 ──────→ 4声
        入声
```

唐代の平声, 上声, 去声の三つの声調は, 現代語の声調のように音の上がり下がりを意味しますが, 入声(にっしょう)というのは上がり下がりではなく, 音節末がつまる音です。これは北京語を基礎とした現代の共通語にはなくなりました。かえって日本漢字音にその痕

跡が残っています。唐代には音節末に，-p, -t, -k の三種類の子音がついていたものがあり，それらを入声という分類に入れたわけです。日本では -p を「フ」，-t を「ツ」「チ」，-k を「ク」「キ」という音で受け入れました。「蝶」テフ，「質」シツ，「学」ガクといった具合いです。日本漢字音で音読みして「フツクチキ」がつくものは入声です。

そこで平仄の見極め方。現代中国語で読んで1声2声のうち，日本漢字音でフツクチキがつかないのが「平」，それ以外は全部「仄」というわけです。試してみましょう。よく知られた王之渙の「登鸛雀楼」です。

白	日	依	山	盡
bái	rì	yī	shān	jìn
黄	河	入	海	流
huáng	hé	rù	hǎi	liú
欲	窮	千	里	目
yù	qióng	qiān	lǐ	mù
更	上	一	層	楼
gèng	shàng	yī	céng	lóu

この中から「平」をさがせばよいのです。つまり現代語1声2声に注目します。

1句：「白」は現2声だがハクだから仄。「依」「山」は入声ではないので平。2句：「黄」「河」は入声ではないので平。「流」も入声ではないので平。3句：「窮」も「千」も入声ではないので平。4句：「一」はイチだから仄。「層」「楼」は入声ではないので平。残りはすべて仄です。五言絶句の平仄のきまり，即ち格律は以下のように定められています。○は平，●は仄，◎はどちらでも可。

　1句：◎●●○●，　2句：◎○○●○

　3句：◎○○●●，　4句：◎●●○○

どうです。完璧に合っていますね。ちなみに「流」「楼」は「尤」韻で押韻します。

(佐藤　進)

Q 100. n, ng と日本漢字音の対応

中国語で n で終わる音か ng で終わる音か、どっちなのかを忘れたときに、日本語で読んでみるとわかると教わりました。n だと「ン」で、ng だと長音の「イ」「ウ」に対応するということでした。しかし"肯" kěn はどうして「コウ」なんでしょうか。また"貞" zhēn の旧読が zhēng であって日本語で「テイ」と読むことと関係あるのでしょうか。

A

"肯"を日本漢字音で「コウ」と読むのは、そのもとになった七世紀中国の隋代の発音（中古音という）にもとづきます。隋代の発音表記では「苦等切」と書かれ、「苦」の声母 k と「等」の韻母 eng をつなげた音に発音したのです（「切」というのはそういう発音表記であることを示すもの）。日本語はそれを「コウ」というかたちでとり入れました。現代中国語のほうでは、隋代の発音からみて、kěng に発展するはずですね。それが例外的な発展をして kěn になったのです。ご質問にあるような疑問をいだくのも無理はありません。

隋代からだんだんに歴史をたどってみると、十四世紀の元代に編集された発音手引書『中原音韻』では、"肯"は「真文」部という発音の枠組みに入っています。「真」や「文」は音節末が n で終わります。なぜかは分かりませんが、十四世紀にはすでに ken のようになっていました。

一方, "貞"は事情が少し異なります。

これは隋代の音では「陟盈切」ですから,「陟」の声母 zh と「盈」の韻母 eng を足した zheng のような発音でした。ですから日本語では「テイ」(漢音です。呉音ではチャウ)と長音になります。ただ, "貞"は"肯"と違って,『中原音韻』では「庚青」部に所属しており, zheng のままでした。

また, 現代音でも, たとえば規範的な字引の一つである《新华字典》をみると, "旧读" zhēng と書いてあり, 最近まで音節末が ng であったことがわかります。そこで, 規範化をめざした近代の発音字典を見てゆくと, 1921 年の《校改國音字典》では zhēng でしたが, 1932 年の《國音常用字彙》になると zhēn が採用されて現代に至っています (どちらも教育部が公布した発音。ただし, もとの表記は他の方式ですので, ここではピンインにしました)。

王力という言語学者によると, いま "貞" を zhēn と発音するのは, 南方方言の影響で「不規則変化」をおこしたからなのだそうです (《汉语语音史》巻下第九章)。

ご質問以外では, "聘" pìn「ヘイ」もよく知られた例外変化です。これも本来は ng の pìng になるべきものです。《國音常用字彙》では「嫁に出す」という意味のときには pìng にも発音されるという記述があります。

上の "肯、貞、聘" みな音節末が ng から n に例外的に変化発展したものですが, 逆の方向に, n から ng へ変化した例はないようです。

ただ, m から ng に例外変化をおこしたものならば "稟" bǐng「ヒン(ム)・リン(ム)」があり, 日本語「ン」が中国語 ng に対応しています。

(佐藤　進)

101. 尖音と団音

Q 中国語で"j-、q-、x-"に発音するもの，たとえば"小"xiǎoの中国人の発音で，「シィャオ」というより，「スィャオ」に近いのを聞いたことがあります。何だかなまっているように聞こえましたがそういう発音は許されますか？

A なかなか鋭い耳をお持ちですね。そういう発音は，中国大陸南部のほうの方言では珍しくありません。そちらのほうの出身者の共通語をお聞きになったのだと思います。

もうご存じのように，"j-、q-、x-"に発音する漢字は，日本の漢字音で読むとカ行になるものとサ行になるものとがありますね。下の表をご覧ください。

サ 行		カ 行	
中古声母	例字	例字	中古声母
[ts-]	将 jiāng	姜 jiāng	[k-]
[ts'-]	秋 qiū	丘 qiū	[k'-]
[dz-]	斉 qí	旗 qí	[g-]
[s-]	小 xiǎo	暁 xiǎo	[x-]
[z-]	羨 xiàn	現 xiàn	[ɣ-]

[ ]で示したのは音声記号であって，ピンインではありません。ここでは，中古すなわち隋唐時代に発音されたと推定される子音声母を示しています。

さて，まずカ行に注目してみます。このうち，音節構造が簡単な「旗」を例に，主な方言音をならべてみます。ここでのローマ字も音声記号であって，ピンインではありません。

北京	蘇州	長沙	南昌	梅県	広州	厦門
tçi	dzi	tçi	tçi	k'i	k'ei	ki

最初の4地点,それぞれ北方語・呉語・湘語・贛語(カン)の代表地点ですが,そこではチ系の発音になっています。子音の狭めを作る位置が,喉のあたりから口蓋のほうに移ったということで,口蓋化現象というふうにいわれます。元来はこの4地点でも,キ系の喉音であったのですが,[-i-]が口むろの前の方で発音されるものですから,時代とともに子音自体の狭めの位置も,つられて前に出てきたのです。ところが,梅県・広州・厦門の3地点,すなわち客家語(ハッカ)・粤語(エツ)・閩語(ビン)などでは依然としてキ系のままです。

次に,サ行のほうを"小"で見てみます。

北京	蘇州	長沙	南昌	梅県	広州	厦門
çiau	siae	çiao	çiɛu	siau	ʃiu	siau

ここでは,北京・長沙・南昌の3地点が舌尖を下げるシィ系で,広州が舌尖を上げるシィ系,蘇州・梅県・厦門がスィ系です。

ところで,北京でも,伝統京劇の舞台ではこのサ行をスィ系で発音しています。"旗"などのカ行からチ系に発展してきた音は「団音(だんおん)」とよばれ,サ行から発展してきて,今でもスィ系の面影を

口蓋化現象

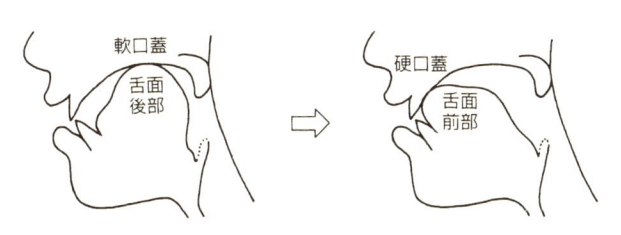

残す音は「尖音(せんおん)」とよばれます。

あなたは尖音を聞いていたのですね。ただし，北京でも一時，女性らしい優雅な発音に聞こえるというので，スィ系のブリッコ発音がはやったそうです。

(佐藤　進)

索 引

三冊総合索引

『新版 中国語入門 Q&A 101』
『中国語学習 Q&A 101』
『中国語教室 Q&A 101』[本書]

* 本索引は,『新版 中国語入門 Q&A 101』『中国語学習 Q&A 101』(共に大修館書店刊)及び本書のそれぞれの Q から,キーワードとなる語を選んだ。
* 文法用語など,必ずしもそのままの形で本文に現われないものも,検索の便を考えてとりあげた。
* ページの前の「入」は『新版 中国語入門 Q&A 101』,「学」は『中国語学習 Q&A 101』,「教」は本書を指す。
* ページはそれぞれの Q の始まりのページを示した。

・・・・・・・・・・・・日 本 語 索 引・・・・・・・・・・・・

▶アルファベット

ABB型形容詞　学233
XYY型形容詞　学233

▶あ

あいさつ　入14, 15, 17, 教166
愛称　学198
愛らしさ　学235
アクセント　教26, 33
アクセント素　教26
「明けましておめでとう」　学6
アスペクト　入150
遊び　入217
熱い水　入71
雨　教168
新たな事態の発生,変化　教181
アルファベット　入43, 教1, 3

▶い

「以下」　学68
息を蓄める　入53
囲碁　入217
「以上」　学68
位数省略　学72
異体字　入102, 教210
「いただきます」　入17
1　入117
一語多品詞　入124
一字多音　入94
一品詞多機能　入124
一対　教72
「行って来ます」　入17
移動　教86
「いま」　学28
意味と声調との対応関係　教22
意味の中立化　入154
イメージ　教10
意訳　入27
依頼表現　学189, 教170
色　入34
色のイメージ　入34

▶う, え

受け答え　教174
ウケテ解釈　学136
「受け取る」　教128
ウサギ　入201
歌　学47
ウムラウトu　入52
粤方言　入5
婉曲表現　入22

▶お

応答　教194
「お帰りなさい」　入17
お菓子　教8
「お父さん」　学25
鬼　入33

オノモトペ　入205
〈思い惑い〉の表現
　　　　　　　学194
「思う」　教94
「おやすみなさい」
　　　　　　　入17
お礼のいい方　入19
音節表　教214
音訳　入27, 185

▶か

「～が」　教203
「カイカイデ」　入88
開口呼　教218
外国語の翻訳　学50
介詞フレーズ
　　　　　教84, 141
回数　学66
概数　学69
概念系　教192
回文　入171
外来語
　　入27, 76, 79, 学50
「書き付ける」　学100
「書き残す」　学100
格言　学155
画数　教3
確認　教174
格律　教220
かけことば　入180
過去時制　入148
重ね型形容詞　学235
「貸す」　入143
数の示し方　入36
かぞえ年　学90
かたい言葉　学5
「かならず」　教62

可能　教159
可能表現　学155
可能補語　教103, 143
「借りる」　入143
感覚形容詞　学42
簡化字　入96, 102
冠婚葬祭　入32
漢字　入75
漢字簡略化
　　　　　入96, 102
漢字の注音　入109
漢字の統一　入98
漢字の読み　入94
感情形容詞　学42
簡体字　入96, 102
感嘆文　学185
間投詞　入25
広東語　教108
贛方言　入5
簡略化　入96, 102

▶き

擬音語　入204
聞き手　学130
基数　学61
擬声語　教7
擬態語　教7
期待の実現　教168
「きっと」　教62
基本声調　学48
疑問詞かかえ型諾否疑
　問文　学144
疑問詞疑問文　学144
疑問詞の位置　学121
疑問詞……＋"吗"
　　　　　　　学144
疑問文　学194

旧読　教222
強調　学235
共通語　入1
共通語の受要度　教5
「きれい」　入157
「キレイニスル」
　　　　　　　教134
儀礼表現　学189
「気を失う」　学114
禁止　教152, 157, 161
近代　教19

▶く

くだもの　学201
口調　学55
区別詞　学176
訓読　教205

▶け

敬語　入20
掲示物　入30
敬称　教40
形象性　学217
軽食　教8
軽声　教33
慶弔　入32
形容詞
　　　学233, 235, 教134
形容詞フレーズ
　　　　　　　教131
結果補語
　　学162, 教79, 116, 118
「～けれども」　教203
原因　学124
捲舌音　入60
限定　学158

索引 229

▶こ

～(の)子　学198
行為者の居住地
　　　　　学107
行為の抽象化・一般化
　　　　　入135
口蓋化　教224
後悔のムード　入162
口語　学93
合口呼　教218
肯定的評価　学211
呼応形式　教54
コーヒーを入れる
　　　　　学217
語気助詞　入25
語気副詞　教196
国字　入75
国籍を聞く　学237
午後　教50
語構成　学36, 教106
五言絶句　教220
古今東西　学21
故事成語　入86
語順　入74, 教84
呼称　入82, 学9, 10,
　198, 教13, 15, 190
午前　教50
古典　教17
コト型表現　学44
事柄を知らせる
　　　　　教97
ことば遊び　入171
ことわざ　学155
ことわざの誤解
　　　　　教185
「この～」　学27

呉方言　入5
「今度」　学168

▶さ

叫び系　教192
撮口呼　教218
3音節語　教33
3字の語音連続　教33
三声　入46
三声＋軽声　入63
三声＋三声　入63
三声連続　教30

▶し

使役　学128
使役の否定　教143
ジェスチャー　入36
時間詞　教86
時間修飾語　学87
時間表現
　　　　教48, 50, 52
時間副詞　教54
時間補語　教123
色彩語　入34
四呼　教218
自己紹介　学38
自己矛盾　学38
指示　入164, 学152
指示詞　学130
指示的　学121
字数の調整　学230
四声　教26
時制　入148, 150
四声相配　教216
持続　教81
「した」　学96
時代区分　教19

親しみ　学235
シテ解釈　学136
死ぬ　入22
ジャンケンポン
　　　　　入216
修飾語の語順　学87
「出張」　教201
循環位数　学72
準量詞　教42
障害物　教70
小学校の漢字のテスト
　　　　　入110
将棋　入217
消失　学110
状態形容詞　教205
状態の主体　学40
状態補語　教118
象徴　教10
情報　教35
湘方言　入5
植物のイメージ
　　　　　教10
職名　学10
序数　学61
女性ことば　入25
女性用の字　入188
女性らしさ　教5
助動詞　学155
助動詞の否定　教152
書面語　学93
所有関係　学33
所有者　学87
しりとり　入182
親族呼称　入199
身体部位　学98
人名　入185, 187, 188
心理状態　教205

真理の追究　　教207

▶す

推量　　教94, 101
数詞　　学200
数詞＋"大"　　学77
数日前　　学82
数量詞　　教30, 163
数量の強調　　教46
数量表現
　　学68, 163, 教183
「すこし」　　学191
勧めの表現　　教170
「すっかり」　　学179
ストレス　　教35
「すべて」　　学179
スローガン　　入30

▶せ

姓　　学1
清音　　入55
成句の誤解　　教185
成語　　入86, 学44
性差　　教3
斎歯呼　　教218
静態　　教141
声調　　学47, 48, 55
声調符号　　入47
声調変化　　入61
性別　　学204
声母表　　教214
声門閉鎖　　入53
世界　　学21
舌尖音　　学52
接続詞　　教203
接続の"去"　　教121
「絶対」　　教196

尖音　　教224
選択疑問文　　教139

▶そ

相　　入150
「そうです」　　教60
俗字　　入107
属性　　学33, 87
卒業年次　　学226
「その～」　　学27
存在関係　　学33

▶た

対比性　　学237
台湾語　　入5
濁音　　入55
「たくさん」　　学85
駄洒落　　入180
たずねる　　学219
縦書き　　入92
たばことお酒　　教185
団音　　教224
男性用の字　　入188

▶ち

知識を教授する
　　教97
地名の読み方　　入185
中華料理　　入208
「中国語」　　入1, 2
中国語史　　入19
中国語になった日本語
　　入79
抽象名詞　　教131
中舌母音　　入48
聴覚印象　　学50
重複形　　教7

「ちょっと」
　　学191, 教198

▶つ、て

通貨　　学213
定語　　教131
程度の強調
　　学188, 教110
程度の軽微さ　　学235
程度副詞　　学185
手紙の宛て名　　入212
「できる」　　入129
「手伝う」　　学170
鉄道路線名　　入210
テンス　　入148, 150

▶と

トイレに行く　　入22
同格関係　　学33
統計上の数値　　教44
動作主の意図　　学162
動作の主体　　学40
動詞化　　教134
「どうして」　　学126
動詞の重ね型　　教112
動詞＋名詞　　入135
動態　　教141
到達点　　教86
動物のイメージ
　　入201, 教10
動物の子供　　学198
同文同種　　学44
「どうやって」　　教99
動量詞　　学163
動量詞と目的語の位置
　　学163
読音統一　　学58

►た

特定　教38
「どこ」　学172
年　学90
「とっさ」の中国語
　　　　　教192
「どれ？」
　　入164,学31

►な

内破音　教216
「なか」　学102
なぞなぞ　入173
七大方言　入5
「ナニ」　学31
名前
　入185,186,187,188,190

►に

二義性　学136,144
二者相互　学230
二者それぞれ　学230
入声　教216,220
入声字　学36
日中同形語　入79,84
日本漢字音　教222
日本語との対照　入74
日本語になった中国語
　　　　　入76
日本の歌　入89
日本の小説　入89
乳児語　教7
人称代名詞　教40

►ね,の

年号　入214
年齢　学90

能願動詞　教181
ののしりことば
　　　　　教183

►は

「はい」　教194
倍数表現　学60
「売買」　学36
「派遣する」　教178
場所修飾語　学87
場所表現　学98
端数　教42
発音　入46
客家方言　入5
「はてな？」　学194
話し手　学130
早口ことば　入177
反語　教125,172
反語文　教28
「バンザイ」　学17
半三声　入46
「バンバンザイ」
　　　　　学17
反復疑問文
　学147,149,教176

►ひ

比較　入154,学133,
　教110,146
ひざ　教188
非指示的　学121
非循環位数　学72
筆順　教212
否定　入126,学182,
　教141,146,154
否定的評価　学211
比喩　学33

標語　入30
描写　学158
標準語　入1
平仄　教220
ピンイン　入43,109
品詞　入124,教205
頻度副詞　教54
閩方言　入5

►ふ

副詞句の位置　教92
副詞の位置　入147
複姓　学1
部首　入105
付着　教81
文末の"去"　教121
文脈指示　学14
分離　学110

►へ

「～へ」　教121
ペア　学225
並列語　学36
北京語　入10,学22
北京方言　入10
変化　教81
変調　教30

►ほ

方位詞　学93,117
包含関係　学33
方言　入5,8,13
方向補語
　　学105,教114
方式　教99
補語　学155
「ポコペン」　入88

北方方言　入5
ボディランゲージ
　　　　　　　　入36
香港　　教108
ぼんやり数　　学82

▶ま, み
マージャン　　入217
「まあまあ」　教88
捲舌音　　入60
孫　　学204
「マスターする」　教64
「また」　　学29
満年齢　　学90
「マンマンデ」　入88
水　　入70
ミスを責める　　入161
身振り　　入36
「みんな」　　学179

▶め, も
名詞が状語に　　学117
名詞の意味の偏り
　　　　　　　　学211
名簿の順番　　教3
命令の間接化　　教143

命令表現　　学40,110
目上　　学14
「もう」　　学179
盲人教育　　入41
目的　　学124
目的語前置型構文
　　　　　　　　学105
目的語の位置　　学105
文字改革　　教210
もとの場所　　学107
モノ型表現　　学44

▶や, ゆ, よ
野菜　　学201
湯　　入71
有気音　　入52
幽霊　　入33
横書き　　入92
四字成語　　学209
予想外のできごと
　　　　　　　　教168
予期の実現　　教168
呼びかけ　　学10

▶ら, り, る
ラーメン　　入206

略字　　入96,107
量詞　　入112, 学77,
　152,200, 教42
量詞と名詞　　入121
料理　　入206
料理の名前　　入208
臨時動量詞　　学215
臨時量詞　　学215
類称　　学1,200
類同　　学147

▶れ, ろ, わ
連動文
　　　　学138, 教84,112
連用修飾語　　学162
聾唖教育　　入41
老舎　　入190
ローマ字つづり
　　　　　　　入43,68
魯迅　　入194
路線バスの車掌の言葉
　　　　　　　　学22
わからない字　　入100

············中国語索引···········

▶A, B
阿姨　　入82
按揭　　教108
吧　　入25, 教101
把　　入161, 学107
爸爸　　入199
拜托了　　教166

半　　教44
帮　　学170
北京話　　入10
本　　入121
"比"比較文
　　　学133, 教110,146
別　　教157
別~了　　教35

不　　入126
"不"の変調
　　　　　　　入61, 教28
~不動　　教149
不都~　　教28
不可以　　教152,154
~不了　　教149,159
不能~　　教159

不是　学211	地下　学95	-过　学184
不是～吗？　教172	～点儿　教92	过去　学114
～不完　教149	点心　教8	过年好！　学6
不行　教154	调　教178	
不许　教157,161	东西	▶H, I
不要　教161	入197,学21,教97	还　教88
不用　教77	东…西…　学209	还是　教139
	都　入147,学122,179	汉语　入1
▶C	对	好　教194
c　学52	学225,教60,72,194	好～　教90
猜　入215	对了　教60	"好"+数量词　教46
ch　入60	多	好看　入157
场　教24	入151,学85,教42,44	嗬　入25
吃饱了　教79	多少　学61	合适　教66
吃够了　教79	多少钱　教163	黑洞洞　学233
出差　教201		很　入159,学142
次　学66	▶E, F	"很"+动词　学142
醋　入22	e　入48	很看过几本书　学142
撮　教24	二　入115,学54	后视镜　学117
	二弟　学91	呼读音　教214
▶D	儿化　入168,学198	互　学230
打听　学219	二位　教38	回　学66
大　学77	父亲　学25	回来　学107
大～　学206	复姓　入187	回去　学107
大概　教101	副　教72,74	回文　入173
但是　教203		会　入129
～到　教103	▶G	ian　入65
到　教121	干净　入157	
道　教68, 70	高　入154	▶J, K
倒茶　学217	个	级　学226
-地　入132	入112,学152,教198	几　入120,学61,77
的	给　教84	叫　学128,教143
入132,165,学33,教131	给～V　教136	教师　教15
-得　入132,165	构词法　教106	教员　教15
得(děi)　教77	古汉语　教17	"姐姐"型　入63
底下　学96	瓜果　学201	届　学226
地上　学95	鬼　入33	借　入143

今年春天　　教52
竟(然)　　教46
绝对　　教196
可以　　　入129
肯　教222
肯定　　教62
快请～　　教170

▶L

拉面　　　入206
来　教57
～来　　学105,教114
来早　　　入162
老～　　学9,教190
老三届　　学226
老舍　　　入190
老师　　教13,15
里　　学93,102
连珠　　　入182
两　　入115,学54
两位　　教38
了
　学184,188,教125,181
柳面　　　入206
鲁迅　　　入194
旅行去　　学138

▶M

妈妈　　　入199
麻烦你了　　教166
马上　　　学28
"吗"疑问文　教176
买卖　　学36
没(有)　入126,学182
谜语　　　入173

▶N

-n　入58
n,ngと日本語字音
　　　　　教222
拿　教128
拿包裹去　　教128
哪 (nǎ)　入137,学31
哪 (něi)　入137
哪儿　　学172,237
哪个　　　入137
"哪里"型　　入63
哪些　　　入137
那　　学27,130
南北　　学21
南…北…　学209
呢　　学194
能　　　入129
能不能～？　教176
能～吗？　　教176
-ng　入58
你好！　　入16
您三位　　教40

▶O, P

偶尔　　教54
派　教178
漂亮　　　入157
拼音　　　入43
普通话
　　　入1,13,学149
《普通话异读词审音表》
　　　　　学58

▶Q

歧义　　教136
前后　　学69

前两天　　学82
俏皮话儿　　入180
翘舌音　　　入60
请　　学189
请快～　　教170
去　　入146,教112,121
～去
　　学105,110,教114
去旅行　　学138
去旅行去　　学138

▶R

r　入60
r化　入10,168,学169
让　教143
绕口令　　　入177
～人　　学3

▶S

s　学52
sh　入60
～上　　学93,教116
上午　　教50
上下　　学69
少　　　入151
谁　　入65,140
师傅　　学10,教13
什么　　入140,学31,55
什么地方　　学172
什么人　　　入140
时点　　教57
时段　　教57
时间到了　　教86
时间来了　　教86
事　教97
是　　学211,教194
是～的　　教125

索引

是不是？ 教174	~下 学93,教116	以上 学68
是不是~？ 教172	下面 学96	以下 学68
是吗？ 教174	下午 教50	因为 学124
适当 教66	下雨 教168	yō（哟） 入25
寿 入32	先生 入213	有点儿 学191
叔叔 入82	现在 学28	有的人 学165
蔬菜 学201	相 学230	"有没有"+動詞フレーズ
双 学225	想 教94	学149
水 入71	小~	有人 学165
水果 学201	学9,198,206,教190	又 学29
死（了）过去 学114	歇后语 入180	又…又 入156
死蟹 教183	写上 学100	yu（ü） 入52
四声别义 教22	写下 学100	元 学213
孙子 学204	新年好！ 学6	圆 学213
	学好 教64	
▶T, U	学会 教64	▶Z
tā（他／她） 学14		z 学52
他很高兴 学42	▶Y	在 学182,教81
太 学185	yāo 入117	在~V 教81
汤面 入208	yāo（哟） 入23	V~在 教81,123
套 教74	要 教77	咱们 入65
条 教68	也 入147,学147	早来 入162
同字同音省略 入165	也…也 入156	怎么 学126,教99
腿 教188	夜里 教50	zh 入60
ü 入52	一 入119	掌握 教64
	"一"+量詞 学64	~着（zháo） 教103
▶W	"一"の省略 学76	这 学27,130
外 学93	"一"の声調変化	这个春天 教52
晚上 教50	入61,学54	"这个"+曜日 学168
万岁 学17	一百一 入119	着 学182
为了 学124	一点儿	贞 教222
问 学219	学85,191,教92,198	真 入159,学176
物谜 入173	一定 教62	真的 学176
	一起 学122	指甲 学58
▶X	一下 学189,教198	中 学102
X射线 教1	一些 入120	中国话 入2
膝盖 教188	以来 教57	中文 入2

钟　教48
追求真理　教207
-子　入168
字谜　入173
走　入146,学110
租　入143
左右　学69
撮　教24

[著者紹介]（五十音順）

相原茂（あいはら　しげる）
1948年福島県生まれ。お茶の水女子大学教授。中国語学。

荒川清秀（あらかわ　きよひで）
1949年兵庫県生まれ。愛知大学教授。中国語学。

喜多山幸子（きたやま　さちこ）
1949年東京都生まれ。大東文化大学助教授。中国語学。

玄宜青（げん　ぎせい）
1954年東京都生まれ。法政大学助教授。中国語学。

佐藤進（さとう　すすむ）
1947年北海道生まれ。東京都立大学教授。中国語学。

楊凱栄（よう　がいえい）
1957年上海市生まれ。東京大学助教授。中国語学。

中国語教室 Q&A 101
© 相原茂，荒川清秀，喜多山幸子，玄宜青，佐藤進，楊凱栄 2000
NDC820 250p 19cm

初版第1刷	2000年4月10日
第2刷	2004年9月1日
著　者	相原茂／荒川清秀／喜多山幸子／玄宜青／ 佐藤進／楊凱栄
発行者	鈴木一行
発行所	株式会社大修館書店 〒101-8466 東京都千代田区神田錦町3-24 電話 03-3295-6231（販売部） 03-3294-2353（編集部） 振替 00190-7-40504 [出版情報] http://www.taishukan.co.jp
装丁者	岡田和子
印刷所	広研印刷
製本所	難波製本

ISBN4-469-23211-4　Printed in Japan
Ⓡ 本書の全部または一部を無断で複写複製（コピー）することは，
著作権法上での例外を除き禁じられています。

大修館書店中国関係出版物案内

新版 中国語入門Q&A 101	四六判・234頁
相原　茂・木村英樹・杉村博文・中川正之　著	本体　2,200円
中国語学習Q&A 101	四六判・250頁
相原　茂・木村英樹・杉村博文・中川正之　著	本体　1,800円
中国語学習ハンドブック 改訂版	A5判・338頁
相原　茂　編著	本体　2,200円
新訂 中国語概論	A5判・346頁
藤堂明保・相原　茂　著	本体　2,800円
中国語文法教室	A5判・306頁
杉村博文　著	本体　2,600円
中国語基本語ノート	B6判・330頁
輿水　優　著	本体　2,200円
続 中国語基本語ノート	B6判・530頁
輿水　優　著	本体　3,600円
陳真さんの北京だよりーくらしとことばー	四六判・274頁
陳　真　著	本体　1,900円

定価＝本体＋税5％（2004年8月現在）